# SaaS

## 产品经理从菜鸟到专家

### 技能树详解与商业实战进阶

王戴明 ◎ 著

清华大学出版社

北京

## 内 容 简 介

本书围绕如何成为一名优秀的 SaaS 产品经理来组织内容，理论与实践并重。第 1 章介绍 SaaS 产品的发展与现状，剖析 SaaS 模式的本质，让读者对 SaaS 产品有整体的认识；第 2、3 章结合作者的亲身经历讲解 SaaS 产品经理所需的核心素养与技能，重点讲述培养这些能力的方法和技巧，具备较强的实操性；第 4 章带读者详细设计一款有实战意义的 SaaS 产品，让读者对从 0 到 1 规划 SaaS 产品有切身感受；优秀的 SaaS 产品经理是最接近 CEO 的人，因此第 5 章带读者了解 SaaS 战略、策略、核心竞争力以及创业陷阱等方面的知识，培养读者与 CEO 平等对话的能力。

本书的读者对象包括 SaaS 创业者、SaaS 产品总监、SaaS 产品经理、需要与 SaaS 产品经理协作的从业者、想要转型 SaaS 产品经理者、想要入门 SaaS 行业的在校生，以及企服赛道投资人。

**图书在版编目(CIP)数据**

SaaS 产品经理从菜鸟到专家：技能树详解与商业实战进阶 / 王戴明著 . —北京：清华大学出版社，2022.5 (2022.6重印)

ISBN 978-7-302-60560-7

Ⅰ.① S⋯　Ⅱ.①王⋯　Ⅲ.①企业管理　Ⅳ.① F272

中国版本图书馆 CIP 数据核字 (2022) 第 060956 号

**责任编辑**：王中英
**封面设计**：杨玉兰
**版式设计**：方加青
**责任校对**：胡伟民
**责任印制**：杨　艳

**出版发行**：清华大学出版社
　　　　　　网　　　址：http://www.tup.com.cn，http://www.wqbook.com
　　　　　　地　　　址：北京清华大学学研大厦 A 座　　　　　邮　　编：100084
　　　　　　社 总 机：010-83470000　　　　　　　　　　　邮　　购：010-62786544
　　　　　　投稿与读者服务：010-62776969，c-service@tup.tsinghua.edu.cn
　　　　　　质 量 反 馈：010-62772015，zhiliang@tup.tsinghua.edu.cn
**印 装 者**：小森印刷霸州有限公司
**经　　销**：全国新华书店
**开　　本**：170mm×240mm　　　**印　张**：15.25　　　**字　数**：355 千字
**版　　次**：2022 年 5 月第 1 版　　　**印　次**：2022 年 6 月第 2 次印刷
**定　　价**：79.00 元

产品编号：093929-01

# 推荐语

在中国各行各业向数字化转型的大趋势中，SaaS 产品必将扮演重要的角色。相比于巨大的市场需求，优秀的产品经理还太稀缺。戴明老师的《SaaS 产品经理从菜鸟到专家：技能树详解与商业实战进阶》正是面向这类人群的，这本书详细阐述了 SaaS 行业现状，并指明了一条优秀 SaaS 产品经理的成长之路。相信这些宝贵的经验会帮到很多立志投身 SaaS 行业的人才。

李致峰　腾讯公司企业微信副总裁

这是一个原力觉醒的时代，SaaS 是面向"客户成功"而非"乙方成功"的企业服务模式升级。在这个范式下，只有真正关注产品价值的从业者才会带来持续健康、繁荣共生的生态，戴明兄就是业内为数不多的真正洞察趋势并落地实践 SaaS 产品细节的专家级选手，相信他的这本书会带给从业者很多收获和启迪。

叶国晖　阿里集团天猫新零售平台事业部总经理，
蚂蚁集团支付宝事业线原副总裁

做 SaaS 不难，但要做好很不容易。要完成"定位→产品→客户→商业模式"的可持续飞轮，至少需要站在客户角度、行业上帝视角、自身资源能力这三个维度交替审视、调整。当然，让客户持续付费的关键是，给客户提供差异化的价值和更高的效率。知易行难，建议大家结合自身实践有带入感地去阅读本书，相信会有不一样的收获。

顾伟　苏宁高级副总裁

中肯、实用、手把手地教你做 SaaS 产品！本书中讲的底层方法对 SaaS 之外的 B 端产品和创业也非常值得借鉴。

甘洁　长江商学院教授，松山湖机器人基地联合创始人，

湾区科创大本营发起人

SaaS 的本质是企业应用软件和互联网技术的融合，从产品设计角度看，既需要掌握传统企业应用的流程和管理思维，也需要具备 C 端用户体验思维。同时具有这两种思维和技能的产品经理在国内非常稀缺。相信戴明老师的经验和实践分享，能够给正在 SaaS 产品经理路上探索的同仁们很多帮助和启发。

史彦泽　销售易创始人兼 CEO

目前，市场缺少成熟的 SaaS 产品方法论，而好的 SaaS 产品离不开有功力的产品经理。

本书结合作者自身经历和多年观察，给出了清晰的 SaaS 产品经理的技能地图和修炼路径，希望能帮助更多产品经理进步。

纪伟国　北森云计算 CEO

SaaS 方面好书不多，戴明总这本书从产品经理的视角，系统地阐述了 SaaS 产品的设计与管理方法，值得品读。

吴志家　领健信息创始人兼 CEO

戴明作为我们公司数字化转型的长期战略顾问，成功指导公司软件团队在一个非标行业中创新开发出中医健康服务 SaaS 系统，让客户在线化，员工在线化，运营在线化。此系统已成为公司连锁化经营的强力保障，也正成为行业竞争发展的护城河！相信本书分享的宝贵经验会为读者带来收获。

余光宝　华粹堂健康科技董事长

很荣幸有机会邀请到戴明领衔掌上仓的数字化转型工作，戴明不仅有实务经验，对于相关领域的研究也极为深入，帮助掌上仓实现了在线订仓、管仓及

客户全生命周期数字化管理，把掌上仓带入了数字化的高速公路。本书融入了戴明多年的实战经验，值得一读！

刘志同　江苏掌仓网络董事长

戴明兄是经验丰富的实战派产品经理，本书总结了他多年产品工作的经验和心得，阐述了 SaaS 产品经理应该具备的技能和视野，非常实用！

鹿宽　观麦科技 CEO

王戴明老师总是能将复杂的商业软件产品设计的难点、技巧、方法论，用通俗易懂的语言和案例呈现出来，让读者在痛快、顺畅的阅读中收获知识。相信本书一定会让读者大呼过瘾，享受一场 SaaS 产品知识的盛宴！

杨堃　《决胜 B 端：产品经理升级之路》作者

# 推荐序一

中国企业的发展经历了三个时期：商品短缺时期，以制造为核心（比谁会造）；商品丰富时期，以营销为核心（比谁会卖）；消费升级时期，以产品创新为核心（比谁会创），也就是今天所处的时代。

在产品驱动增长（PLG）、营销驱动增长（MLG）、销售驱动增长（SLG）这三大增长路径中，业界讨论最多的是产品驱动增长，足以说明产品在企业增长发展中的基础性作用。

要做出一个好的产品不容易。怎样才是好产品？用友总结了一个四维八度的度量模型，即：客户和用户维度的高客户价值、好用户体验，生态维度的强生态融合、易交付服务，厂商维度的进入市场快、财务收益高，员工维度的高成就、高绩效。

当今产品创新越来越重要，产品经理不仅是热门职业，更是很多企业短缺并要重点培养的核心团队之一。

我自己早年就做过产品经理，尽管那时中国还没有产品经理这个叫法。多年来在公司内外也和不少产品经理共事和交流过，深切感受到产品经理是对个人素质和综合能力要求很高的岗位。不过如果培养发展体系到位，也是可以培养出优秀产品经理的，业界有的公司在这方面就做得很好。

一个优秀的产品经理必须具备一些重要的素质和相应的专业能力，也需要丰富的实践和阅历。其中，对于客户需求变化的敏锐感知和提炼，对于产品所在领域（行业）的业务及其发展的把握与精通，对于技术发展的持续学习和掌握，对于市场和产业动向的洞察，对于研发过程和模式的熟悉，都是极其重要的。一个好的产品就是在恰当的时间用趋势性新技术实现了目标客户渴望的共性需求，一个优秀的产品经理就是对这些需求洞察、规划并推进实现的人。

SaaS 是软件类产品在技术驱动下的一个范式级的进化，为相关的各方都带来了新变化：

- 给客户带来了很多新的价值，如便捷地连接商业资源、能力，形成基于线上数据的信用；更加便利、弹性地应用产品，即时获得最新服务；参与 SaaS 产品创新的机会；更低的拥有成本。

- 给产业带来了很多新的进步，如更便利的产品融合，更便捷的产业协同，更高的产业合作价值，更高的合作效率（通过线上化），更多元、更包容的产业生态，更繁荣的产业发展。

- 给提供商带来很多新的改变，如更强的客户责任、客户势能式发展、以客户成功为中心、更高的运营效率、更好的财务模型、更高的公司价值等。

1999 年，我在公司就曾经尝试过 SaaS 最早的形态 ASP（应用服务提供商）。SaaS 导入中国，经过了一个较长时间的启动和加热过程，现在已经进入高速发展阶段。应用软件和服务产业领域的产品经理都要进入 SaaS 形态的新时代。

除了原生的 SaaS 产品经理，很多 SaaS 产品经理是从之前许可模式的软件产品经理转过来的。许可模式的软件与订阅模式的 SaaS 差别很大，所以从许可模式的软件产品经理到 SaaS 产品经理，这个转变其实很大，很多产品经理还在蜕变之中。我观察到其中一个突出的问题是，不少产品经理的思维还停在传统软件时代，没有真正切换到新范式 SaaS 上来。要成为优秀的 SaaS 产品经理就必须从思维、模式、流程、工具和实践上彻底转变过来。

不同于 C 端，B 端是一个"老炮用新枪"的行业，需要有在企业与公共组织应用领域的深厚积累，又要能够与时俱进采用新的技术、新的商业模式，升级换代产品与服务。不仅在中国，美国也是类似的情形，今天在美国企业 SaaS 领域最前沿的创新公司，其核心团队成员在 B 端领域都有几十年的经历。

《SaaS 产品经理从菜鸟到专家：技能树详解与商业实战进阶》的作者王戴明先生就是 B 端领域的老炮，先后服务过许可证模式软件厂商和 SaaS 的不同代表性厂商，在软件及云服务领域有丰富的实践经验，对产品管理有深切的感悟。书中关于 SaaS 产品经理的素养与技能、SaaS 产品的设计与进阶等知识，对于从事或要转行到 SaaS 产品经理的读者都具有重要的学习价值。

王文京

用友公司董事长兼 CEO

# 推荐序二

我是从 2012 年开始从事国内以 SaaS 为主的企业服务领域股权投资的。在这十年的 SaaS 行业投资实践中，我见证了中国 SaaS 行业发展的起起伏伏，也切身体会到了创业公司的兴衰更替。总结这十年的行业投资实践，我越来越体会到，一个好的产品是 SaaS 公司成功的基石。我非常欣喜地看到戴明老师作为一名 B 端行业老兵，以自身实践经验写就的这本《SaaS 产品经理从菜鸟到专家：技能树详解与商业实战进阶》新书，书中的很多内容不仅仅是 SaaS 产品经理打磨产品的实操手册，也对 SaaS 公司的决策者、管理层的企业经营大有裨益。

中国的 SaaS 行业经历了从完全对标美国到落地中国实践的过程，在这个过程中，我们一方面看到了 SaaS 模式对于传统 B 端软件颠覆式的创新优势，以及巨大的趋势性的云服务产业机遇，另一方面也充分认知到在信息化基础尚薄弱的中国开展 SaaS 化落地实践所经历的商业层面的艰辛。从这个维度说，中国的 SaaS 产品就更加需要具备商业思维，所以当我看到本书最后一章"SaaS 产品经理进阶"里面谈到 SaaS 的战略、策略、护城河与陷阱时，深有共鸣，一个优秀的 SaaS 产品经理必须"像 CEO 一样思考"，对于创业公司而言，产品是决定生死的第一关，也是公司蓬勃发展的基石。

在为本书作序的时候，正值中概股暴跌，过往依靠资本疯狂推动、忽略商业实质、粗放式的发展模式迅速崩塌。反观近几年国内 SaaS 行业的发展，也经历了高投入、低产出的粗放式发展阶段，SaaS 创业者在外部竞争的压力下，一味地追求收入增长的速度，而忽略了产品定位以及收入增长的质量，很多公司在资本的推动下经营很多年都没有构建起自身有效增长的能力，最后只剩下一地鸡毛。戴明老师在本书中，站在产品维度很好地分析了 SaaS 的增长策略与赢利策略；站在客户全生命周期的角度，构建从线索获取到续约复购的全链条增长模型；还指出 SaaS 公司的赢利逻辑在于追求最大化的客户生命周期价值，作为一名优秀的 SaaS 产品经理需要具备收入成本和毛利的意识，这样才能通过产品有针对性地高效迭代，从而推动公司的赢利增长。

SaaS 在中国尚处在与本地化结合的探索阶段，在创业过程中不可避免地有大量的陷阱存在，在读到戴明老师书中总结的 SaaS 创业的 6 大陷阱时，于我而言，心有戚戚焉。譬如说，"丰富的传统软件经验"有时候会成为公司产品研发的陷阱，会与 SaaS 公司打造标准化、高可用、具有良好用户体验的产品背道而驰；"强大的销售能力"有时会让创业失败，因为对于 SaaS 创业而言，"最糟糕的事情并不是产品定位错误，而是产品定位错误的同时拥有太强大的销售能力。"读到这里不禁捧腹大笑，因为在我们投资的实践中，确实存在这样的案例。

中国 SaaS 的大势犹如黄河之水浩浩荡荡，奔涌向前，不可逆转，我们每一个身处其中的个体都是这个大势的受益者和推动者，也真诚希望有越来越多的从业者能够像戴明老师一样把自己的宝贵实践分享给大家，一起来推动中国 SaaS 行业的发展！

陈利伟

东方富海合伙人

# 推荐序三

在过去的十多年时间，我们见证了 SaaS 产业在中国的蓬勃发展，越来越多的资金和人才投入其中，SaaS 软件也成为企业数字化变革中越来越重要的推动力。而一款 SaaS 产品的成功与否，SaaS 产品经理越来越成为其中的关键因素。那么，SaaS 产品经理和项目经理、其他行业的产品经理之间的区别是什么？SaaS 产品经理的成长和职业发展路径又是什么？我很高兴能看到王戴明老师的这本书给了非常有价值的分析和指导。

我作为一名在互联网营销领域打拼多年的老兵，同时也作为 SaaS 产业的一名新手，深刻感受到 SaaS 产业所代表的先进商业模式的优越性：

- SaaS 产品由于其订阅制的特点，使其商业模式由单次博弈进化为多次博弈，这使得 SaaS 公司尤其注重其对客户所带来的持续价值，因此其所特有的客户成功理念也应成为 SaaS 产品中密不可分的一部分。

- SaaS 作为一种云应用的形态，也使得它能够随客户需求和环境的变化而持续迭代进化，而这也对产品经理的敏感性、敏捷性和持续迭代能力提出了更高的要求。

SaaS 工具应该是代表了先进管理理念的具象化表达，因此优秀的产品经理不仅需要具备对客户痛点和表象需求的捕捉能力，还要能对这些痛点背后的本质需求进行深刻的洞察和思辨，并基于先进管理理念来提出自己创造性的解决方案。

杨炯纬

卫瓴科技 CEO，360 公司前高级副总裁

# 推荐序四

作为 SaaS 领域的创业者，我最初在招聘 SaaS 产品经理的时候，发现很难招到合适的人，因为虽然做 SaaS 产品有一些成熟的方法论，但没有任何教材，甚至没有专注于这方面的文章，以至于几乎所有的产品经理都不具备做 SaaS 产品的能力。今天，王戴明老师总结出了一套 SaaS 产品方法论，并整理成书。我相信，未来 SaaS 产品的繁荣，必将有这本书的一份功劳。

和王戴明老师一起合作开发 SaaS 产品的时候，我们发现很多 C 端产品经理或者他行业产品经理转行进入 SaaS 领域后，会碰到一些常见误区。

（1）一根针顶破天：C 端的产品经理总希望做出一个特别牛的功能，用户体验做到极佳，然后靠一个功能打动客户。早期的投 C 端公司的风险投资也持这个观点。在 SaaS 领域，很难做到快速的 PLG（Product Led Growth，产品主导增长），所以，即使做出来一个一根针顶破天的功能，也会迅速被竞争对手追上。门槛低的 SaaS 产品，一定不是好产品。

（2）关注使用者的体验而忽略购买者的诉求：用户体验几乎是所有互联网产品人的首要追求目标。但是 SaaS 产品的购买者往往不是使用者，购买者购买 SaaS 要达到的目的、要实现的价值，比使用者的用户体验要重要得多。当然，这里并不是说使用者的体验不重要，而是对 SaaS 产品经理来说，一定要更多关注购买者的诉求。

（3）盲从客户提出的需求：很多 SaaS 产品经理之前是企业软件定制项目的需求分析师。他们容易陷入一个误区，即盲从客户提出的需求，不深入思考需求的本质是什么，客户说做什么功能就做什么功能，说做成什么样就做成什么样。我们认为这样的产品经理是不能真正成为产品经理的，仍然只能成为需求分析师。

（4）认为客户的需求不合理：上一个误区的反面，是产品经理刚愎自用，否认客户提出的需求，认为客户的需求都不合理。B 端的 SaaS 产品，往往会被不同行业、不同角色的客户在不同的场景下使用，坐在办公室的产品经理往往不能和客户产生共情，难以理解客户提出的需求，甚至会觉得客户提的需求很荒唐，这是很要命的。走到客户的工作场景中去，理解客户的需求，是 SaaS 产品经理的必修课。

（5）将不成熟的功能推向市场："迭代"是软件产品经理的法宝，很多人误认为迭代的意思是先做一个不完美、不成熟的产品推向市场，然后再慢慢修改。但企业客户购买产品时，使用成本很高，如果产品本身成熟度低，会给客户造成很大的困扰，甚至造成数据错乱等损失。如果这个产品本身还需要配上很高的实施成本，那么对于 SaaS 企业的伤害就会很大了。

SaaS 产品门道很多，希望大家能在王戴明老师的《SaaS 产品经理从菜鸟到专家：技能树详解与商业实战进阶》一书中找到自己的路。

刘昭

勤策（原外勤 365）创始人

# 自序　我做菜鸟的那一年

## ⊙ 我为什么离开Oracle

2013 年的某一天，我读完克里斯坦森的《创新者的窘境》一书，心里充满了危机感：彼时，虽然传统管理软件仍然牢牢占据着大企业市场，但是成本更低、体验更好的 SaaS 软件，却具备巨大的颠覆潜力。

当时我任职于世界知名的企业管理软件公司 Oracle，福利优渥，没有 996，但强烈的危机感驱使我从 Oracle 离职，加入了一家 SaaS 创业公司：外勤 365，并担任高级产品经理。

事实证明，从 2015 年开始，SaaS 软件如雨后春笋般拔地而起，而传统管理软件则日渐式微。曾经流行的说法"上 ERP 找死，不上 ERP 等死"已经无人提起，而"数字化转型"的呼声则越来越高，下图所示是"数字化转型"一词的百度搜索热度。

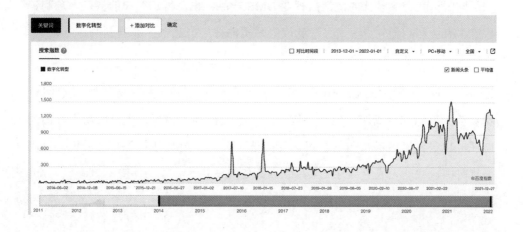

如我所料，互联网产品对传统管理软件的颠覆无法逆转。利用互联网高效的分发能力，SaaS 公司打造的极致化产品，能够以低价格提供给海量用户使用。这对体验糟糕、价格高昂的传统软件无疑是致命的打击。

上云已经成为一种共识，即便是 SAP、Oracle 这样的传统软件巨头，也采用了非常激进的措施进行转型。以 Oracle 公司为例，除了自己研发 Fusion，还花费巨资收购了 Taleo、Netsuite、Opower 等 SaaS 公司。为了推进 SaaS 软件的销售，Oracle 甚至采取过"传统软件销售额不计入业绩指标"的极端措施。

毫无疑问，转行 SaaS 是正确的决定，但与此同时，我也面临着巨大的挑战。

## ⊙ 一年从菜鸟到专家

在 Oracle 公司，我的客户主要来自汽车、摩托车等耐消品行业；但是到 SaaS 公司后，我需要面对食品、饮料等快消品行业的客户。这两类消费品的销售方式存在巨大差异。

不过，在加入新公司一年以后，我负责的销售管理 SaaS 产品却取得了还不错的成绩。订单数（产品的 KPI 指标）年增长率从 250% 提升到 450%，活跃付费账户数、客户平均购买账户数都有了显著增长。

同时，我牵头设计的快消品行业 DMS 产品，也获得了客户的认可，顺利销售给多家快消品领先企业，很快就成为公司的核心产品。

另外，在 Oracle 公司的时候，我其实是项目经理，并没有主导过大型产品设计。因此，刚到 SaaS 公司时，虽然老板很器重，但并没有得到同事的认可，我甚至一度考虑过离职。但是一年后，我不但得到了销售、客户成功等部门的信任，也得到了产品部门的认可，还当选了公司年度最佳员工。可以说，只用一年时间，我就完成了从行业菜鸟到专家的蜕变。

## ⊙ 写书的初心

我曾经做过一个调研,很多读者诉苦说:没有经验,也没人带,不知道如何才能更快地成长。

其实,我想告诉大家的是,对于 SaaS 产品经理来说,"有人带"是特例,"没人带"才是常态。不管你是毕业生,还是从 C 端产品转型来的,甚至是从运营、UI 或开发等岗位转岗来的,都必须抱着"依靠自己华丽转身"的决心和信心。

实际上,我整个 B 端产品的职业生涯,大部分时间也是靠自己学习。我个人认为:如果你不努力,再好的老师也帮不上忙;反之,就算没有老师,只要你努力学习,并且找对方法,也一样可以实现华丽转身。

当然,客观上来说,很多初学者甚至产品经理并不是不努力,只是苦于找不到正确的学习方法,这大大降低了他们的成长速度。

与此同时,很多 SaaS 产品经理虽然能够完成自己的设计任务,但是还不能真正"像一位负责人"那样为产品的商业结果负责。这背后的原因在于,他们都有很强的产品设计能力,但是缺乏商业思维,不能站在更高的层面推动产品的发展。

这就是为什么很多 CEO 向我抱怨:找不到合适的 SaaS 产品经理。其实,并不是 SaaS 产品经理稀缺,而是具有商业思维的 SaaS 产品经理太少,特别是"能与 CEO 平等对话"的 SaaS 产品经理太少。

因此,我希望通过本书分享自己的成长心得,分享自己的方法论,从而:

(1)帮助初学者更快成为优秀的 SaaS 产品经理。

(2)帮助产品经理更快成为产品总监,乃至产品合伙人。

这就是我写作本书的初心,也将是我始终努力的方向。

王戴明

2022 年 4 月

# 目录

# SaaS 基础知识

　　作为 SaaS 产品经理，深入了解 SaaS 行业及其历史非常重要。首先，懂行才会懂得按行业规律办事，从而大大增加成功概率；此外，所谓"以史为鉴，可以知兴替"，懂行业历史不仅能减少重复犯错的情况，还能让我们具备前瞻性洞察行业未来的能力。因此，本章将带你深入理解 SaaS 的概念、底层逻辑，以及 SaaS 行业的发展历史。

# 1.1　SaaS 入门

## 1.1.1　SaaS是什么

SaaS 是 B 端软件领域的一种创新商业模式，客户不需要购买软件的所有权，而只是根据使用量（比如使用时长、账号数等）付费。为了降低软件部署成本，大部分 SaaS 软件都通过互联网直接访问，而且客户也主要使用标准功能。

我们也可以简单地说：SaaS 软件[①]是 B 端软件的一个分支。所谓 B 端软件，其实就是服务于 Business（生意）的软件，比如 ERP、CRM、HR 等系统，服务于企业业务，也基本都是企业购买。

在 2015 年以前，中国企业使用的 B 端软件主要有 2 种来源：

（1）企业自己研发，比如阿里巴巴的中台系统主要是自研的。

（2）购买商业化 B 端软件，比如华为的 ERP 系统主要是外购的。

而 SaaS 软件属于商业化 B 端软件的一种，如下图所示，只是研发和销售模式与传统商业化 B 端软件存在巨大差异。

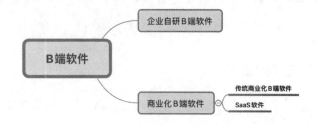

### 1. 传统的商业化 B 端软件

在 SaaS 软件崛起之前，主流的商业化 B 端软件有两类供应商：

---

① 本书所讨论的 SaaS，仅包括面向企业服务的 B 端软件。

- 国外厂商，以 SAP、Oracle 为代表。大型公司市场基本是国外厂商的天下，华为、联想、美的、阿里巴巴、百度、各大银行、各大汽车制造厂大多是 SAP 或者 Oracle 的客户。

- 国内厂商，以用友、金蝶为代表。用友和金蝶主要盘踞在中小型公司市场。虽然用友、金蝶等公司也都已成功上市，但是其市值和 SAP、Oracle 相比差距还很大。

传统商业化 B 端软件的商业模式主要分为三个部分：

（1）一次性售卖软件，即客户买断产品所有权。

（2）实施上线，一般会有大量的定制开发。

（3）售后运维，主要是解决系统 bug 等问题。

对于软件厂商来说，软件售卖和实施上线的收入占了整体收入的 80%，但都是一次性收入。售后运维虽然可以持续，但一方面客户往往选择自己运维，另一方面运维收费金额也不高。

对于客户来说，使用传统 B 端软件需要一次性支付一大笔费用。同时，由于客户需要自己承担服务器、大量二次开发费用等庞大的支出，还需要聘请运维人员，因此需要很长一段时间，才有可能收回成本。

因此，2010 年以后，中国商业化 B 端软件市场逐渐显露疲态，一个最明显的信号就是竞争越来越激烈，实施费用越来越低。

## 2. SaaS 模式的诞生

国外商业化 B 端软件市场经过多年的发展，从 20 世纪末开始发生了一场轰轰烈烈的变革。

1996 年，Oracle 的高级副总裁贝尼奥夫萌生了创建 Salesforce 的想法。首先，他发现亚马逊网站颠覆了消费者的购物方式，他认为互联网同样会颠覆 B 端软件市场；其次，他意识到传统的商业化软件模式（厂商 80% 的一次性收入，客户高昂的购置成本）存在巨大的优化空间。于是，在 1999 年，贝尼奥夫从

Oracle 离职，成立 Salesforce 公司，正式开创了 SaaS 模式。

SaaS 软件的商业模式同样可以分为三个部分：

（1）出租给客户软件使用权，比如先出租一年。

（2）实施上线，但没有定制化开发，或者只有较少的定制化开发。

（3）提供软件使用、运维和迭代的配套服务，主要是帮助客户把软件用好，以期望客户来年续费。

对于 SaaS 软件厂商来说，刨去实施服务的收入，每年的收入是比较平衡的。如果客户对软件和服务感到满意，理论上会永久续费（不考虑企业倒闭的情况）。

对于客户来说，省去了服务器、运维等成本，也避免了二次开发费用。一次性支出的成本大大降低，虽然每年都要支付租赁费用，但只要对软件不满意，第二年就可以停止付费。

当然，对于软件厂商来说，SaaS 模式也存在很大的风险：

（1）由于代码由厂商统一维护，一旦产品标准化能力不足，定制化的代价会异常高昂。我曾经和一家知名 SaaS 厂商的大区总经理聊过，他说当时给一家知名企业实施 SaaS 系统，一开始说得好好的，就用标准功能；结果快上线时，客户说功能不满足需求，整个项目要推翻重来，完全根据客户需求进行定制。其实这就是 SaaS 标准化能力不足必然导致的后果。

（2）SaaS 厂商的风险大大增加。在传统软件模式下，由于一次性收到几乎全部款项，获取了足够的利润，就算后期客户对软件不满意，对软件厂商的影响也很有限。在 SaaS 模式下，客户的第一笔款项只支付了一年的使用费，并没有涵盖 SaaS 公司的全部成本。如果客户第二年不续费，就会造成 SaaS 公司的亏损。

比如国内某知名 SaaS 公司为什么 2018、2019 年亏损？就是因为它每年的客户流失率达到27% 以上，相比之下，Salesforce 每年的客户流失率在10% 左右。

下页表所示是传统 B 端软件模式和 SaaS 模式的对比。

|  | 传统 B 端软件模式 | SaaS 模式 |
|---|---|---|
| 特点 | （1）一次性收费<br>（2）大量二次开发<br>（3）客户拥有代码，可以自行修改 | （1）每年收费<br>（2）很少二次开发<br>（3）厂商拥有代码，并统一修改 |
| 优点 | （1）一次性收回成本，厂商风险较低<br>（2）方便二次开发，对标准功能要求低 | （1）每年收费，收入可持续<br>（2）较少二次开发，规模化难度较小 |
| 缺点 | （1）第一年完成 80% 收入，收入不可持续<br>（2）较多二次开发，规模化难度较大 | （1）每年收费，厂商风险较高<br>（2）很难二次开发，对标准功能要求高 |

通过上面的对比，我们可以发现一个"真相"：贝尼奥夫并没有发明一个"更好的"商业模式，只是 SaaS 模式对厂商提出了不一样的要求，特别是对于标准化产品的能力提出了非常高的要求。

这就是 SaaS 的真相。

## 1.1.2　为什么建议你选择 SaaS

### 1. SaaS 行业前景向好

为什么建议你选择 SaaS？在回答这个问题之前，先给大家看一张图：

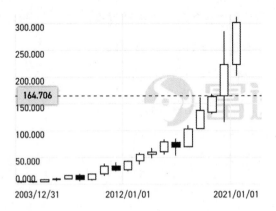

这是 SaaS 模式的鼻祖 Salesforce 的股价走势图，其中：

（1）虚线是 2020 年年初 Salesforce 的股价。也就是说，疫情发生以后，不到 2 年时间，Salesforce 股价涨幅超过过去 10 年的涨幅。

（2）2020 年，Salesforce 股价正式超过 Oracle，截至 2021 年 11 月 21 日，两者的市值分别为 2949 亿美元和 2568 亿美元，Salesforce 后来居上，高出 Oracle 14.8%。

为什么疫情发生后，Salesforce 的股价疯涨，而且是持续疯狂增长呢？这是因为大家都认识到：疫情不可逆地改变了世界。在未来，我们的工作将越来越依赖互联网，B 端的线上化也将是常态。

Salesforce 的股价超过 Oracle，还具有里程碑的意义。要知道，Oracle 曾经是世界第一大企业软件公司（那时候我还在 Oracle 公司）。更重要的是，Salesforce 的创始人是 Oracle 前副总裁，正是因为对传统软件模式的反思，促使他离开 Oracle，开创了 SaaS 模式。因此很多人说，Salesforce 市值超越 Oracle，标志着 SaaS 模式正式颠覆了传统 B 端软件模式。

当然，你可能会说，Oracle 的市值也同样很高啊。但你要知道，Oracle 也早就从最初的"嘲讽 SaaS"，到今天的"全力转型 SaaS"了，如下图所示是 Oracle 中国官网的截图，可见其重心已转"云"。

通过上面的信息可以看出，在美国市场，SaaS 已经成为企业软件市场的主流。那么在中国呢？我们可以看看来自 IDC（国际数据公司）的报告，如下页图所示。

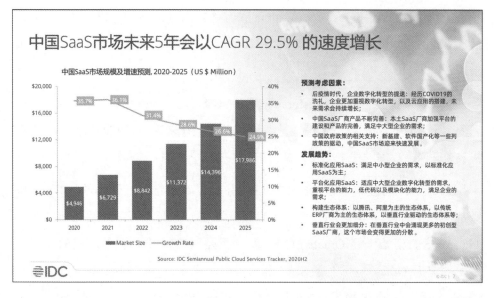

在 2020 年全球公有云服务市场中，美国占 57.2% 的市场份额，中国仅占 6.2% 的市场份额，但是相比于 2019 年的 5.1%，已经有明显上升。而在未来 5 年，IDC 预测中国 SaaS 市场将保持 29.5% 的增长率，前景非常诱人。

更重要的是，不同于传统软件时代大型公司市场被国外巨头垄断的局面，中国 SaaS 市场将是真正的"中国企业唱主角"态势。这对于所有中国企业软件公司来说，都是一次巨大的机遇。

很多人都认为，中国企业软件市场已经迎来国产化浪潮，而国产化的主力军就是 SaaS 软件。我甚至相信：中国未来的企业软件巨头（千亿美元市值），一定会从 SaaS 公司中诞生。

## 2. SaaS 产品经理容易做出成就感

除了 SaaS 行业的巨大前景，SaaS 产品经理也是一份更有自主权和成就感的工作。相信很多做内部系统的产品经理（也称为内部产品经理），都有过深深的无力感：产品部门是辅助部门，永远都围绕着业务部门转。如果业务部门能力强，那么还好，无非是辛苦一点，还能够享受公司成长的红利；如果碰到业务部门能力欠缺，或者公司业务打不开局面的情况，单靠产品部门就很难有突破。甚至产品经理还可能成为替罪羊：业务没有进展，产品经理还留着干嘛？

作为SaaS产品经理，就很少有这种烦恼。

1）SaaS产品经理具有高度自主权

首先，软件产品就是SaaS公司的赢利主体，这就意味着，相对于其他部门，产品部门才是最核心的业务部门。产品经理不需要被其他业务部门左右。

其次，大多数成功的SaaS公司，都是通过一套标准化产品满足海量客户的需求，不会因为某一个客户的要求，而影响产品的整体规划和设计。为了降低产品经理受到的干扰，会让他们集中精力构建最优秀的产品。在SaaS公司，产品经理往往具有高度自主权。这种自主权包括需求真伪判定、优先级判定，等等。

一位SaaS创始人曾对我说："在我们公司，客户和销售人员说了都不算，产品迭代以产品部门的意见为依据，否则产品就会变得很臃肿。"实际上，在SaaS公司，这种规则非常普遍。因此，作为SaaS产品经理，比内部产品经理更能掌控自己的工作。同时，由于SaaS产品是公司的赢利主体，SaaS产品经理也比内部产品经理更有成就感。

2）SaaS产品经理有广阔的成长空间

从个人发展角度来说，SaaS产品经理的成长空间也很广阔。作为SaaS公司最核心的岗位，SaaS产品经理需要具备全方位的能力和素养。

除了内部产品经理需要具备的业务梳理、产品设计等能力，SaaS产品经理还必须具备较强的商业意识和主人翁意识。

客户为SaaS产品的使用权付费。因此，产品的定位、与客户业务的匹配度会在很大程度上决定一个产品的命运，进而影响到公司的收入和前景。如果产品经理缺乏商业意识和追求极致的工作态度，只能被动按照领导或者客户的要求设计产品，这样的产品经理就很难独当一面。

为了降低企业培训成本，降低使用门槛，SaaS 产品非常追求高可用，即不需要培训就能够上手操作。同时，操作效率也非常重要，因为有时候哪怕只是多点击一下，也会对业务人员造成很重的操作负担。这就倒逼 SaaS 产品经理设计好每一个产品细节。

成为 SaaS 产品经理，就意味着需要不断提升商业意识、打磨极致化的工作态度。因此，我认为，优秀的 SaaS 产品经理是最接近 SaaS 公司 CEO 的人。

### 1.1.3　如何选择行业

如果你选择做 SaaS 产品经理，接下来你可能会问：选择哪个行业去做 SaaS 比较好？因为 SaaS 涉及的行业很多，即便能够穷举，也难以一一分析，所以在这里，我想分享一下从哪些角度去看待行业。

1）行业规模

行业规模越大，意味着 SaaS 产品的潜力越大。比如，2021 年，全国房地产开发投资高达 147 602 亿元，这样的体量就足以支撑起一家 SaaS 上市公司。

2）标准化难度

产品标准化难度将决定 SaaS 公司的商业化效率。

对于某个行业的客户，如果 SaaS 公司只能通过定制化项目去服务，那么销售效率将很低下，企业规模也容易到达天花板。比如，从实际情况来看，医疗行业 B 端产品的标准化程度就比较低，那么这个行业的 SaaS 公司就很难快速做大。

3）商业环境

行业发展也受到商业环境的限制。比如，在智能手机普及之前，也有创业者尝试过"滴滴打车"模式，但最后以失败告终，就是因为当时缺乏必要的硬件基础。

4）竞争与壁垒

如果一个行业（赛道）已经存在强大的玩家，并且建立起了竞争壁垒，那么进入这样的行业就需要谨慎选择公司。

比如，北森是中国 HR SaaS 领域的领先厂商，并且通过一体化 HR SaaS 的定位，以及 PaaS 平台和市场占有率建立起了竞争壁垒。一家 HR SaaS 公司的新玩家，除非有明显差异化的打法，否则将很难撼动北森的地位。

当然，相对于行业，我建议更注重对公司的考察。

比如，CRM 这个赛道规模很大吧？但是竞争也非常激烈。除了销售易、纷享销客、励销云等跨行业 CRM，在外贸行业还有小满，快消品领域有红圈、eBest 等。随着企业微信的开放，又出现了 SCRM 赛道，同样是一拥而上，短短 2 年，已经出现至少几百家 SCRM SaaS 公司。

反之，招聘软件这个赛道就很小。因为北森、肯耐珂萨等 HR SaaS 公司都会覆盖这一市场，因此留给创业者的空间并不多。但是我们 SaaS 高管群的一位群友，专门针对地方自媒体研发了一套招聘 SaaS。这些地方自媒体的粉丝都集中在当地，因此特别适合做本地化招聘平台。这位群友把研发和服务中心设在三线城市，降低人力成本，并且通过口碑获客，降低获客成本，结果每年都有可观的利润。

因此，选择行业当然重要，但是，更重要的还是你选择的公司有没有核心竞争力。

还是以 CRM 赛道的纷享销客为例吧。要知道，纷享销客曾经和今目标一样主打办公协同 SaaS，面对"富二代"钉钉，都纷纷败退。在 2021 年，今目标因为"未足额支付 IDC 服务费"，导致系统被断网停服，如下页图所示。而纷享销客则转型 CRM 领域，在竞争激烈的赛道发展得风生水起，2021 年 5 月又完成了数亿元的 F 轮融资。

## 关于今目标服务异常的说明

尊敬的今目标用户：

2021年10月20日上午10点，因未能足额支付IDC服务费，在未与我司充分沟通的情况下，IDC服务商突然断网停服，导致今目标平台服务中断至今已超80个小时。今目标与IDC服务商有10余年的友好合作，自疫情年以来，我司资金紧张，IDC服务费延付数额较大，基于长年合作基础，双方一直通过友好协商解决。近期因IDC服务商内部产权关系发生变化，要求的还款额度大幅提升，远超我司近期的支付能力。

我们非常理解这次断网停服带给用户的不便和损失，这几天今目标团队所有成员也都夜不能寐，正积极联络、调度各方资源，全力筹措资金，力争在2021年10月29日前恢复服务。停服不会影响您的数据安全，所有数据都完整无缺。后续公司会就停服带来的损失和赔偿问题，专项处理。

辜负了您十六年的信任和支持，我们唯有抱歉和愧疚！

今目标作为国内最早的SaaS企业，曾经为400万企业提供免费的SaaS办公平台。因内外多种因素，投资方不再提供资金支持，与此同时，更多互联网巨头进入到这个赛道，雄厚的资本令行业竞争更加激烈。

为了让客户有更好的服务体验，满足400万企业用户的需求，今目标在产品架构和IT基础设施方面有巨大的投入，为了平台能够运营下去，今目标团队一直在做艰苦卓绝的努力。四年来，团队一直坚持半薪甚至零薪；四年来，股东不断追加资金，今目标的老用户、服务中心、诸多供应商均给予了极大的理解和支持，我们唯有感恩！

我们正全力应对眼前的困难，也希望得到广大用户的理解和支持！请给今目标一些时间，我们仍然希望能在中国的SaaS市场继续前行！

再次感谢您的理解和支持！有任何建议，也请随时联系我们。

客服联系电话：010-56592278

今目标

2021年10月23日

所以你看，是行业重要还是公司重要？

## 1.1.4　有哪些优秀的 SaaS 公司

国外优秀的 SaaS 公司还是很多的，比如 Salesforce、Shopify、Adobe 等，它们都有 2 千亿美元以上的市值。Salesforce 2022 年财年（非自然年）第二财季（3 个月）总营收为 63.40 亿美元，净利润则为 5.35 亿美元。

下面重点介绍一下国内的 SaaS 公司。

首先说一下在港股上市的三家 SaaS 公司，它们都是中国 SaaS 的佼佼者：微盟、有赞和明源云，数据情况大致如下。

- 根据 2021 年上半年的财报数据，在 2021 年上半年，微盟营收 13.83 亿元，同比增长 44.5%；经调整净利润亏损 1.19 亿元，同比扩大 327.2%。

- 有赞 2021 年上半年收入 8.0 亿元，同比下滑 2.5%。亏损 4.495 亿，相比 2020 年同期亏损幅度翻倍。

- 明源云 2021 年上半年收入 9.74 亿元，同比增长 45.2%；经调整净利润 1.935 亿元，增长 32.7%。同时，SaaS 业务占到公司总收入的 56.7%。

可以看到，有赞和微盟都还在亏损阶段。而明源云比较特别，首先它已经深耕地产 ERP 行业多年，ERP 业务给明源云贡献了稳定的收入和利润。但其 SaaS 业务在上市前已连续 3 年亏损，而根据 2021 年半年报，明源云 SaaS 业务仍然处于亏损状态（如下页图所示，由于明源云是在香港上市的公司，所以其财报用的是繁体字）。

当然，并不是说中国 SaaS 公司都是亏损的。实际上，很多小而美的 SaaS 公司已经实现了赢利，但是，它们也面临如何进一步扩大规模的问题。

我个人认为，中国 SaaS 整体都还处于探索期，规模化赢利肯定会到来，但是目前最重要的仍然是生存和发展。未来会怎么样？谁会成为 Salesforce 那样的巨头？我们还有很长一段路要走。

因此，我个人建议，当我们选择 SaaS 公司的时候，不用太在意其销售规模、赢利情况，甚至也不用太在意其融资情况。最重要的，还是 SaaS 公司的核心团队是否靠谱，以及他们的产品是否有竞争力。

选择 SaaS 公司就像参与创业，最重要的不是谁走得快，而是谁走得远。

截至二零二一年六月三十日止六個月的分部資料 (未經審計) 如下：

| | SaaS產品<br>人民幣千元 | ERP解決方案<br>人民幣千元 | 未分配項目<br>人民幣千元 | 總計<br>人民幣千元 |
|---|---|---|---|---|
| 收入 | 551,843 | 421,855 | – | 973,698 |
| 毛利潤 | 494,851 | 278,882 | – | 773,733 |
| 營運 (虧損)／利潤 | (26,122) | 134,187 | 17,990 | 126,055 |
| 財務收入<br>財務成本 | 369<br>(523) | 3,436<br>(645) | 58,213<br>– | 62,018<br>(1,168) |
| 財務 (成本)／收入淨額 | (154) | 2,791 | 58,213 | 60,850 |
| 所得稅前 (虧損)／利潤 | (26,276) | 136,978 | 76,203 | 186,905 |
| 所得稅 (費用)／抵免 | (673) | 1,284 | – | 611 |
| 分部業績 | (26,949) | 138,262 | 76,203 | 187,516 |

数据来源：明源云 2021 年半年报

# 1.2 SaaS 的发展历史

## 1.2.1 SaaS的前世：传统ERP

SaaS 的诞生和传统 ERP 软件有着直接的关系，甚至第一款 SaaS 产品的缔造者，就是传统 ERP 巨头 Oracle 公司的前高级副总裁。

20 世纪 90 年代中期，随着 Oracle、SAP 等国外 ERP 巨头进入中国，并成功为华为、联想等一流企业提供服务,正式宣告了中国传统 ERP 黄金时代的到来。

作为一个"舶来品"，ERP的崛起有着深刻的时代背景。

其一是当时国内信息化建设刚起步，企业内部存在大量信息孤岛，高层迫切需要一个解决方案，实现全局管控、优化企业的信息化建设；其二是当时中国企业普遍存在大而不强的问题，很多国外产品在中国具有领先的市场地位。为寻找破局思路，中国企业有着强烈的"向欧美先进企业学习"的诉求。因此，"通过ERP进行业务流程再造"的思想，在当时非常盛行。

以上背景也在一定程度上导致SAP、Oracle牢牢占据了中国市场的优势地位，而国产ERP软件用友、金蝶则相对弱势。即便到今天，截至2022年1月24日，SAP市值超过1万亿元，也远大于用友的约1300亿元。

传统ERP时代还有一个明显的特征，即一套软件打天下。不管是SAP的核心ERP产品R3，还是Oracle的主力ERP产品EBS，都是一套软件配置多个行业的解决方案。以我曾任职的Oracle公司为例，EBS系统在中国的标杆客户包括阿里巴巴、中国移动、华为、美的、长安汽车、太平洋保险等。这些公司分属不同行业，对软件的要求也千差万别，Oracle能满足它们的需求，除产品本身配置功能强大（EBS软件安装需要200G以上的硬盘空间），并且支持灵活的二次开发外，也离不开咨询公司给客户提供贴身的现场实施服务。这些咨询公司包括国外的IBM、德勤，也包括国内的汉得、赛意等。

但是，传统ERP的商业模式存在天然缺陷，这就为SaaS的诞生埋下了伏笔。下面来看看传统ERP商业模式的缺陷，以及与之对应的SaaS模式的优势。

1）忽视一线用户

在整个传统ERP的购买决策过程中，一线用户是没有发言权的，他们甚至无法提前试用系统以提供反馈意见。因此，ERP厂商会将大部分精力用于"取悦"企业决策层，而忽视一线用户的意见。这就从根本上决定了ERP厂商缺乏改善用户体验的动力。

在强调"管理"和"执行"的20世纪80年代，这样的商业模式自然没有太大问题，但是到了如今强调"激励"和"赋能"的21世纪，这样的商业模式就会导致软件很难落地。

反之，SaaS 软件诞生于互联网时代，一开始就很重视一线用户的体验。不同于传统 ERP 一次性买断的商业模式，SaaS 软件"只租不卖"，客户一次往往只支付一年的费用，因此 SaaS 公司必须考虑软件在一线的实际使用情况，因为只有一线用户用得好，客户才愿意续费，SaaS 公司才能获得更多收入。

2）昂贵的交付成本

由于是"一套软件打天下"，而各个行业甚至各个企业的管理需求差异很大，这就意味着，传统 ERP 的交付模式非常依赖现场实施和定制化开发，这就带来了很高的交付成本。

以我曾经负责的某个传统 ERP 项目为例，"软件和硬件"就花掉了好几百万元，而"现场实施和定制化开发"的费用更是高达千万元。项目上线后，企业还需要安排专人管理硬件和软件，如果软件需要升级，还需要额外付费。

而 SaaS 就不一样了。首先，SaaS 产品更重视标准化和用户体验，这就在很大程度上减少了现场实施和定制化成本；其次，SaaS 产品"只租不卖"，这就避免了企业一次性支出大额资金，而且一旦软件不合适，也可以以最小代价放弃软件；最后，典型的 SaaS 产品都是由 SaaS 厂商统一运维和升级的，企业不需要安排专人管理硬件和软件，也不需要为升级额外付费。

3）难以持续的收入

本质上，传统 ERP 的商业模式是一次性买断。首先，软件和硬件费用是一次性付清的；其次，实施费用在项目上线后，基本也会全部付清。虽然有二期、三期，但一般也就持续几年的时间。虽然部分客户可能会外包运维，但是对于 ERP 厂商来说，运维收入一般只有实施收入的 20% 甚至更低。因此，ERP 厂商从一个客户身上获取的收入是逐年递减的。

而 SaaS 就不一样了。由于"只租不卖"，只要客户愿意续费，SaaS 厂商就可以获得持续稳定的收入。

当然，以上问题虽然严重，但并不致命。导致传统 ERP 衰落的根本原因在于，它已经落后于这个时代。2013 年以后，随着智能手机和 4G 网络的普及，移动互联网时代正式到来。但基于 PC 端设计的传统 ERP，天生就缺乏移动化、社交化的基因。而作为传统 ERP 成功的基石之一——厚实的架构和丰富的功能，这次则成为它转型的"绊脚石"：将一个 200G 的软件重构一次，其工作量并不比重新做一个软件少。

## 1.2.2　SaaS 的鼻祖：Salesforce

要了解 SaaS，必须首先了解 Salesforce。因为 Salesforce 是 SaaS 当之无愧的鼻祖。

1.1 节提到过，Salesforce 创始人贝尼奥夫曾经是 Oracle 公司的高级副总裁，因为意识到传统 ERP 的弊端，他在 1999 年离开了 Oracle 公司，随之创立了 Salesforce，并第一次喊出了"软件已死"的口号。

作为 SaaS 领域先驱，Salesforce 几乎一直在无人区前进，并一直保持着 SaaS 行业的领先地位。截至 2022 年 1 月 21 日，Salesforce 的市值已经超过 2100 亿美元，远超蓝色巨人 IBM 的 1100 亿美元，相比 2004 年刚上市时增长了 200 倍左右，是世界当之无愧的"SaaS 第一股"。

了解 Salesforce 的历史，对于我们看清中国 SaaS 的未来非常重要。实际上，截至今天，中国 SaaS 的发展仍没有完全脱离 Salesforce 发展的基本逻辑。比如从 SaaS 到 PaaS，从小客户到大客户，从传统互联网产品到 AI 产品等。这从另一个侧面反映了 Salesforce 的伟大。

### 1. 从 SaaS 到 PaaS

Salesforce 于 2001 年推出第一款 SaaS 版的 CRM 产品，并且获得了一批中小企业客户。但是，中小企业的付费能力有限，生命周期也相对短，这就使得客户的生命周期总价值 LTV（Life Time Value）并不高。因此，到 2004 年

Salesforce 上市的时候，它仍然只是一家市值 10 亿美元的小公司。

但是，Salesforce 很快就取得了突破。2008 年，Salesforce 推出了世界上第一个可以在统一架构上部署应用的 PaaS 平台——Force.com。通过降低对编程能力的要求，并提高 SaaS 开发效率，PaaS 平台可以降低 SaaS 创业者的开发成本，也可以帮助他们快速找到客户。这使得 Salesforce 成为一个创业平台，创业者可以通过给各个行业提供更有针对性的产品，来实现自己的 SaaS 创业梦想。站在 Salesforce 的角度来说，这也增强了它服务大企业的能力。因为通过 SaaS 创业者的定制开发，它可以满足更多大企业的个性化需求。

## 2. 从小客户到大客户

对于大企业来说，软件产品功能的丰富程度是影响其购买决策的关键因素。为快速增强服务大企业的能力，Salesforce 开始了疯狂的收购之路。比如 2010 年收购企业黄页数据库公司 Jigsaw，2011 年收购云平台社交管理公司 Rypple。Salesforce 对时代的变化也非常敏锐，它意识到数字化时代的到来，于是不断通过收购和整合等方式提升自己的数字化解决方案能力。比如在 2013 年斥资 25 亿美元收购了数字营销软件公司 ExactTarget。到 2015 年，Salesforce 在营收、企业数、付费用户订阅数、平均订阅规模等关键指标方面，都取得了跨越式进步（见下面的表格），这也标志着 Salesforce 不再是 10 年前那家只能服务中小企业的 SaaS 公司了。

| 年份 | 营收（美元） | 企业数 | 付费用户订阅数 | 平均订阅规模 |
|------|------------|--------|--------------|------------|
| 2004 | 0.5 亿 | 约 1 万 | 17.7 万 | 15 个 |
| 2015 | 53.7 亿 | 约 15 万 | 375 万 | 25 个 |

数据来源：亿欧智库

## 3. 从传统互联网产品到 AI 产品

完成大企业市场突破的 Salesforce 并没有停下前进的脚步，因为可能没有人比它更明白"时代抛弃你，都不会和你打声招呼"的含义了。2018 年 7 月，Salesforce 收购 AI 营销平台 Datorama；2019 年 6 月，Salesforce 宣布以 157 亿美元收购数据分析平台 Tableau；2019 年 7 月，Salesforce 宣布与阿里巴巴达成战略合作，以便为大中华区企业提供 SaaS 服务。毫无疑问，"AI+ 国际化"是 Salesforce 当下最重要的战略。

2020 年 7 月 10 日，Salesforce 迎来了新的里程碑：市值达到了 1791 亿美元，首次超过了 Oracle 公司的市值（1761 亿美元）。这一历史性的时刻，也宣告了 SaaS 颠覆传统 ERP 时代的到来。

## 1.2.3　中国 SaaS 萌芽

Salesforce 在国外的成功，很早就引起了中国企业的注意。在 Salesforce 上市的同年同月（2004 年 6 月），中国的 SaaS 公司八百客宣告成立。同年，发布了它的第一个 SaaS 产品：CRM beta 版本。

作为第一批吃螃蟹的中国 SaaS 创业者，八百客也有过高光时刻。比如在 2011 年，八百客宣布获得来自 Salesforce 的 B 轮融资。但是到今天，已经很少再听到八百客的消息了。如今提到知名的 SaaS 版 CRM，我们更多会想到销售易、纷享销客、红圈营销等，而它们多成立于 2010 年前后。

除了八百客等创业公司，用友和金蝶等老牌 ERP 厂商也先后尝试了 SaaS 业务。比如金蝶在 2005 年收购 HK 会计在线，随后投入研发力量进行 SaaS 产品架构的搭建。但是总体上看，2014 年以前的中国 SaaS 市场，仍旧波澜不惊。

为什么国外的 Salesforce 发展得如火如荼，而国内的 SaaS 萌芽并不顺利呢？其原因有三点：

（1）国内创业 SaaS 公司没有价格上的优势。在中国，存在大量价格低廉的小软件公司，甚至几百元就能购买到一套软件。相比于这些软件公司，国内的创业 SaaS 公司并没有价格上的优势。

（2）国内创业 SaaS 公司没有理念上的优势。虽然 Oracle、SAP 的价格很昂贵，但是由于它们代表了国外先进的管理理念，所以成功服务了很多中国大型企业。

相比之下，中国创业 SaaS 公司无法切入大型公司的市场。

（3）国内创业 SaaS 公司并没有功能上的优势。在 2014 年以前，中国 SaaS 都以 PC 端功能为主，和传统软件没有太大区别。虽然在用户体验上有一些改进，但是不足以让企业放弃在传统软件上的投资，转而使用 SaaS 软件。

## 1.2.4 中国 SaaS 元年

2015 年常常被媒体称为中国 SaaS 元年。首先是 2014~2015 年的 SaaS 融资消息频出。根据 IT 桔子的数据，2014 年 SaaS 融资 74 起，是 2013 年的 2.6 倍；2015 年 SaaS 融资 84 起，融资金额近 40 亿元，是 2013 年的 10 倍，如下图所示。

同样在 2015 年，阿里巴巴发布钉钉 1.0 版本，正式进入 SaaS 市场。同年，纷享销客完成 1 亿美元的融资后，开始疯狂进行广告投放。而钉钉也不遑多让，一时之间，两家 ToB 公司的广告占领了腾讯新闻、今日头条等互联网媒体首页，甚至投放到了分众传媒、机场和地铁等。SaaS 市场一下子引起了更广泛的关注。

不过，这只是热闹的表象。SaaS 崛起的根本原因在于，随着 4G 网络与智能手机的普及，移动互联网时代已经到来。传统 ERP 无法满足移动互联网对于体验和效率的要求，天生就具有互联网基因的 SaaS 则顺势切入了这一块新兴的市场。

比如，曾经有一家国外知名建材厂商主动找到我当时所在的 SaaS 公司。他们斥资几百万元购买了某国际厂商的 CRM 系统，用于管理分布在全国各地的专卖店。由于很多专卖店位于偏僻的县城，同时也为了节省开店成本和加快开店速度，他们希望能够在手机端进行简单的下单、查询库存等操作。但是该 CRM 系统的移动端体验和操作效率存在诸多问题，根本就无法在一线门店推广。迫不得已，他们只能放弃几百万元的投资，找到 SaaS 公司希望购买一套系统。

虽然中国 SaaS 满足了企业移动办公与管理的需求，但是要颠覆传统软件，"攻占"主流的大企业市场，仍然还有很长的路要走。在这方面 Salesforce 的发展是一个很好的参考：在推出 PaaS 平台之前，Salesforce 由于无法满足大企业个性化的需求，只能更多服务于中小企业市场。而即便有了 PaaS 平台，Salesforce 仍然不断通过收购和整合，提高自己产品的丰富度。本质原因在于，获得一个大企业客户很容易——比如你可以向它的某一个部门销售一个小 SaaS 工具——但要成为大企业的主流供应商，则必须拥有丰富的、有竞争力的产品能力。

## 1.2.5　中国 SaaS 爆发年

2020 年，SaaS 迎来了重要的机遇。疫情的发生，让线上化办公、数字化运营的趋势加速。大家都意识到，数字化转型是未来的趋势。拥抱 SaaS，是大部分企业的必然选择。

敏锐的资本马上嗅到了市场的变化，越来越多的资本开始涌入 SaaS 赛道，甚至很多投资人告诉我，他们后续将专注于企业服务赛道的投资。据 B2B 内参统计，2020 年国内 SaaS 共发生 134 起投融资事件，融资总金额超 157 亿元，是 2015 年融资总额的 4 倍左右。到了 2021 年，热度仍未消退。电子签名领域的法大大，宣布融资 9 亿元；跨境电商领域的 Aftership，宣布融资 4.3 亿元；智能客服领域的智齿科技，宣布融资 2 亿多元。

2020 年的机遇，既是偶然，也是必然。必然性在于，数字化转型是大势所趋，SaaS 作为低成本、高效率的数字化转型方案，是大部分企业的必然选择；偶然性则在于，疫情的发生教育了市场，让这一趋势更加凸显。

/第／2／章／

# SaaS 产品经理的 6 大素养

我曾经有一个同事小王，他毕业后来到公司，在经管中心做了一年的行政工作，和我只有偶尔的交集。后来公司组织架构大调整，我的一位下属说，小王想来我们部门做产品经理。下属对他赞赏有加，我决定给小王一次机会。结果小王表现很不错，我略加指点，他就能把工作完成得很出色，因此我也慢慢让他独立负责公司的一个中台系统。

半年后，我离开公司到另一家公司担任合伙人。小王不久也辞职，去了一家 SaaS 公司担任产品经理。半年后他找到我，说他已经升职为产品总监，负责 7 条 SaaS 产品线。我当然很高兴，就晒了朋友圈，结果他的一位同事也是我的读者，私下给我发消息说："小王确实非常优秀，我也很佩服他。"

除了能力突出，小王也很懂得感恩，一直说我是他的领路人，对他帮助很大。这话当然听着受用，不过我心里也很清楚：他人的帮助只是辅助，关键还是在于，他本身就具备作为一位优秀 SaaS 产品经理的基本素养。而在这些素养中，有 6 个素养尤为关键，本章就来详细阐述这 6 大素养。

# 2.1　第一项素养：热情

## 2.1.1　什么是热情

成为一名基本合格的 SaaS 产品经理，其实并不难。懂业务，能够和用户沟通，掌握画原型等基础技能，就能参与 SaaS 产品的设计。但是，要成为一名优秀的 SaaS 产品经理，特别是成为能够与 CEO 平等对话的产品经理，就必须拥有对产品的热情。

那么，什么是热情呢？我觉得，所谓热情，就是把产品当作自己的小孩。小孩被骂了，你伤心吗？小孩被表扬了，你开心吗？你愿意为了小孩更好地成长，不惜牺牲个人休息时间吗？如果你对自己的产品也如此在意，那就是有热情的表现。

## 2.1.2　热情的重要性

1）热情促进成长

为什么热情是成就优秀 SaaS 产品经理的关键？因为产品经理是非常典型的知识工作者，不但工作成果滞后，其工作过程也很难通过量化手段进行监控。比如，调研客户需求、分析竞品策略、学习行业知识和架构知识等非常重要的工作，很难判断有没有做到极致，也很难通过人工去监督。

另外，要设计一款优秀的 SaaS 产品，其实需要克服很多困难。一位 SaaS 产品经理吐槽说，他们的 SaaS 产品做了一年，虽然也很努力地调研客户需求和研究竞品，但标准化还是做得很差。这其实就是设计 SaaS 产品的难点：理解一个企业容易，理解一个行业却很难。

SaaS 是为企业经营服务的。而企业经营是一门体系林立、内容丰富的综合学科。就好像一台复杂的精密仪器，如果不通过系统学习和实践，就不可能真正掌握它，更不可能改造它、优化它。对于一名 SaaS 经理来说，需要掌握的企业经营知识主要包括 4 个层面：

- 经营策略

- 业务流程

- 业务重难点

- 行业化解决方案

可以说，每一块都是硬骨头，不下苦功夫，根本不可能全面深入地掌握。从业十几年，我见过太多工作经验丰富、但知识并不体系化的需求分析师。他们因为缺乏对工作的热爱，凡事只做到 60 分，也就没有动力进行系统化学习。

在几年前，当我从 Oracle 公司跳槽到 SaaS 创业公司时，为了克服不懂行业这一难题，我阅读了大量书籍。在高峰阶段，基本上每周一本，每本都读完两遍，下图所示是我当时在朋友圈发的自己阅读的图书。

支撑我这样做的其实就是热情：如果世界是一个大草原，我希望自己的产品能成为一条平静蜿蜒但连绵不绝的小溪，我愿意为此投入更多的时间。

2）热情征服客户

本质上，SaaS产品经理是代表客户设计他们所需要、能理解的产品。我们可能会面对很复杂的客户群体，里面不乏非常苛刻的客户。只有拥有热情的产品经理，才能真正听取客户意见，并最终赢得他们的信任。

以我自身的经历为例。我曾为一家年销售额过百亿元的企业设计SaaS产品。客户负责人是一位非常优秀的管理者，但同时也非常强势。我一度觉得，在他的心目中，软件供应商的唯一作用，就是严格按他的要求画原型和交付系统，我们公司也没人能赢得他的信任。项目到后期时，我开始给他们设计运营报表。他们之前的报表中有一个用了5年的核心逻辑，但是我认为不符合他们的业务本质，需要修改。第一次微信沟通，他嗤之以鼻。第二次电话沟通，他略有点犹豫。第三次沟通，他终于明白过来了，赞同了我的意见。于是他们用了5年的报表逻辑被我改写了。后来他当着下属和同事的面说需要向我学习。从那以后，他变得非常配合我的工作。

我觉得，客户不仅是被我的观点所说服，也因为他看到我对产品精益求精的态度，才放心把每年上百万人民币的单子交给我们。这种态度的背后，其实就是我对产品的热情。

## 2.1.3 如何培养产品热情

热情是可以培养的。如果能从工作中持续获得成长和成就感，那么我们就会爱上这份工作。我认为做到以下三点，将有助于提升我们对产品的热情。

1）把产品视为人生作品

产品经理需要认识到，"产品"将是伴随我们终身的作品——如果你负责的产品在行业中声名鹊起，作为负责人的你，将是最大的受益者之一。即便你离职了，只要你曾经负责的产品还具有市场知名度，它就会成为你的名片。

更重要的是，我们所创造的产品可以持续影响他人，甚至改变世界。如果做出了一款造福社会的产品，当我们老去时，就不会因为碌碌无为而羞耻，也不会因为虚度年华而悔恨。

认识到这些，我们怎么能不热爱自己的产品呢？

2）和客户做朋友

任何一款合格的 SaaS 产品，肯定能够解决一部分客户的核心痛点，但毫无疑问仍有大量客户和需求未被满足。如果我们和客户做朋友，就能够设身处地地感受客户的痛苦和无奈，与客户产生共情。而一旦通过自己的产品解决了客户的问题，除了可以赢得客户的赞许和尊重，我们也能够获得成就感。

我一直建议 SaaS 产品经理有意识地培养 10 个核心用户。这 10 个核心用户应该是能够代表其公司的典型客户，同时，他们本身需要是企业的核心负责人。产品经理可以亲自为他们服务，和他们交朋友。这样，除了能够及时了解客户的诉求，帮助我们更高效地改进产品，也能够亲身感受到帮助客户成功所带来的喜悦。这非常有助于培养产品热情。

3）定期监测和分析用户数据

SaaS 产品经理要为商业结果负责。我担任产品经理时，每天都会查看订单数、UV 等指标，也会经常和客户成功部门的同事沟通续约率、流失率等数据。在某种程度上，产品数据的改善是"盯"出来的。

比如，对于我们的产品来说，单企业"平均付费用户数"是一个很重要的指标。这个指标越高，意味着我们的产品越有竞争力，客单价也越高。因此我会持续跟进这个指标，并想方设法提升它。比如，我会亲自联系规模较大的客户的决策人，和他们保持定期的联系；对于规模较大的潜在客户，我也会关注销售打单的情况，甚至将客户合理需求的优先级提高。通过半年的努力，我们把"平均付费用户数"提高了30%。

定期监测和分析用户数据，除了帮助我们拿到结果，也让我们每天都能够感受到产品的进步，这会赋予我们持续的成就感，进而培养对产品的热情。

# 2.2 第二项素养：究竟精神

## 2.2.1　什么是究竟精神

我一直给团队强调，要成为一个好的产品经理，必须具备"究竟精神"。究竟，是一个佛语，即"至极，最高境界之意"。我认为，究竟精神有两层意思：

- 一是对于工作要刨根问底，寻求事情的真相。
- 二是追求极致的工作结果，做到自己能力范围内的最好。

比如，丰田汽车的大野耐一曾经强调"连问 5 个为什么"，就是通过刨根问底找到问题的根本原因，并彻底解决问题。1973 年发生石油危机后，日本经济出现了负增长，但丰田汽车不仅获得了高于同行的利润，而且每年都保持增长。其核心的原因之一就是大野耐一通过"连问 5 个为什么"，大大减少了生产过程中的错误，最终缔造了世界闻名的"精益生产"。

## 2.2.2　究竟精神的重要性

### 1）识别伪需求

作为 SaaS 产品经理，永远要相信用户，永远也不要相信用户。所谓永远要相信用户，是永远要相信用户"有一个诉求"；所谓永远不要相信用户，是永远不要相信用户"能够站在产品的角度"思考需求，更不能随便接受用户主动提出的解决方案。遇到问题，下意识地提出自己的想法是人之常情，产品经理不能不察。很多时候，最初眉飞色舞给你提方案的用户，就是最后最不认可你方案的那个。这说明用户最初提出的需求很多是伪需求，而识别伪需求的关键，就是要有究竟精神。

我所在公司的 VP 曾经提出一个需求：订单发货的时候可以给销售人员发一条短信，他问了很多用户，都说需要。我感觉 VP 并没有说清楚客户对这个功能需求的迫切程度，于是我说："嗯，不错，是很好的需求，但是我需要去调研一下详细需求。"后面我找了 10 个核心用户调研，不过这次我多问了一个问题：如果一条短信 8 分钱，您愿意付费吗？结果没一个用户愿意付费，他们甚至表示：如果要收费，这个功能就一点也"不香"了。对于 B 端产品来说，如果一个功能都没有客户愿意付费，那就说明它不能真正给客户带来价值，属于伪需求。

当时，我们的 SaaS 产品仍在从 1 到 100 的爬坡阶段，这个阶段最核心的，就是把资源集中在高优先级需求上。如果我们把资源消耗在这种不痛不痒的需求上，很可能拖慢产品成长速度，丧失市场先机。

2）培养架构能力

究竟精神不仅能够识别伪需求，它对产品经理培养架构能力也非常关键。我时常说：做 SaaS 就是画好棋盘，正确落子。所谓棋盘，就是 SaaS 的产品架构。架构能力怎么培养？最关键的就是要有究竟精神。

我曾经在自己的公众号文章中提过，学习成熟商务套件是提升产品架构能力最高效的方法。但实际上，不同人学习架构的效果差异很大，比如，不少资深 ERP 顾问，熟悉的仅仅是系统功能，对系统架构、功能设计底层逻辑一知半解。其中的原因就是缺少究竟精神，不求甚解，导致只是在做日复一日的低水平积累。

比如，库存管理的关键点在于"不积压、不缺货"。当我们设计补货计划（采购计划）功能时，应该如何考虑方案架构呢？其实，如果我们对库存管理业务或系统做过透彻的思考，就会明白计划的关键在于"应对波动"。比如，商品的销售量可能是不稳定的，同时，商品的采购周期（特别是海外贸易）可能也存在波动。因此，补货计划功能需要从"应对销售波动"和"应对供应波动"两个方面进行设计，再详细考虑波动的方差、波动的趋势、安全库存和采购提前期等因素。

### ⊜ 2.2.3　如何培养究竟精神

究竟精神并不是天生的能力，而是一种职业习惯。如果你遇到一位要求严格、凡事都要问个究竟的领导，那么恭喜你，你可能很快就会"被迫"养成究竟精神。但是，如果没有外力的干涉，就需要我们自己主动培养。通过以下三种方式，可以培养我们的究竟精神。

1）摆正态度

如果不养成究竟精神，我们就不可能凡事都争取做到 100 分，也很难突破现状和超越自我。当我们坚定了决心，剩下的就是不断练习和反思。当你通过"究竟精神"得到飞速成长、尝到了甜头时，就会更加坚定你的决心，好习惯的养成就进入了正向循环。

我曾经也是一个缺乏究竟精神的 ERP 顾问。ERP 项目往往面临时间和成本的压力，因此对于 ERP 顾问来说，60 分往往就是"最好"的分数——这意味着我们成功交付了项目，而且做到了成本最小化。但是在进入 Oracle 公司以后，由于开始负责 IT 方案咨询的工作，我意识到自己的"不求甚解"无法给客户交付 100 分的服务。从那时候起，我开始严格要求自己，并习惯性地自问：这个方案你觉得彻底没有问题了吗？只有当答案是"是"的时候，我才能舒一口气，并开始处理下一个任务。

2）凡事多问为什么

很多事情，只有我们多问几个为什么，才能发现真相。比如，为什么项目会延期？因为测试进度超出预期。为什么测试进度延期？因为发现了太多 bug。为什么有这么多 bug？因为小王的程序代码质量不高。为什么小王的程序代码质量不高？因为他的写代码水平不高，同时又没有质量意识。只要我们继续追问下去，就一定能够找到根本原因。

我在管理团队的时候，经常问下属"为什么"。如果他们不能够很清晰地回答所有问题，那么就说明他们没有遵循"究竟"的原则，我会要求他们继续思考清楚。这样的方式促进了每个人的快速成长。

3）多问自己：有没有做到极致

不管是阅读书籍、研究竞品还是调研客户需求，我们都要学会问自己：这件事情，有没有做到极致？除非我们自己确认内容已经没有遗漏，方案已经做到完美，否则我们就应该追问下去。

曾经有一个千万元级别的 ERP 项目，涉及公司 80% 以上的部门和人员，周期长达半年多。在临上线前 1 个月，我们的上线基础资料包括组织人员数据、财务初始数据、系统流程等都已经准备完毕。突然，公司宣布组织架构大调整，这意味着大部分上线基础资料都需要重新梳理和录入。项目组拥有多年经验的 IBM 顾问建议项目延期。但是，一旦延期，会给公司造成数百万元的损失，领导也很重视，要求我们务必想办法解决。

当时整个项目组对按原计划上线都已经失去信心，因为只剩最后一个月的时间了，需要调整大部分的上线基础资料。但是，我没有直接放弃，而是问自己：真的没有办法了吗？可以做哪些努力？我按照原计划的最终上线时间点，重新倒排整个上线计划，把任务分解到每个部门和每个人，再和大家一起沟通是否具备可行性，以及如果要准时上线，需要采取哪些紧急措施。最终，在大家的共同努力下，我们创造了奇迹：项目按原计划上线，并且按计划实现了平稳运行。

## 2.3 第三项素养：自以为非

### 2.3.1 什么是自以为非

在日常工作中，当出现问题或者矛盾时，如果产品经理能下意识地反问自己：是不是我哪里做得不好？这就是自以为非。

在很多情况下，一个产品或者用户问题的发生，都有多方面的原因，需要进行全方面的复盘。但是，作为对"产品结果"负责的人，SaaS产品经理应该多反思自己的问题，主动承担责任，并积极推进问题解决。

## 2.3.2 自以为非的重要性

### 1）弥补我们的缺点

做 SaaS 产品和做内部 B 端产品，最核心的一点差异在于：内部产品部门是辅助部门，需要配合好业务部门；而 SaaS 产品部门是核心部门，其他部门往往要配合 SaaS 产品部门。这就很容易导致 SaaS 产品经理刚愎自用的缺点，而自以为非能很好地弥补这个缺点。

举个例子，客户成功部门的同事曾经向我抱怨，说客户总是询问报表某些字段的含义，给他们造成了很大工作量。同事建议给报表字段加上注释，一方面方便客户自己理解字段的含义；另一方面，即便需要给部分客户解释，也有一个权威的参考。我当时并没有多想，只是以开发资源紧张为由，断然拒绝。

后来，我去一个客户的现场调研，正好看到用户不理解报表字段的意思，然后客户成功部门的同事通过远程方式很费劲地给用户解释，我才明白当时自己的断然拒绝是多么愚蠢。如果当时听到同事意见时，我能够"自以为非"，相信就不会出现这样的问题。

后来我带团队后，就给产品经理定了一个规则：报表字段，除非是不言自明的，否则默认都要加上注释。

### 2）使我们保持敬畏心

作为 SaaS 产品经理，保持对"未知业务"的敬畏心特别重要。世界很复杂，永远都有我们没有经历过、也无法预测的实际情况，如果我们缺乏敬畏心，就很容易被过去所谓的成功经验所束缚。

我刚从 Oracle 公司换到 SaaS 初创公司的时候，很喜欢把过去的经验套用在新的产品上。但是有些时候，过去的成功经验往往是进一步前进的绊脚石。

在 Oracle 公司的时候，因为客户都是上市公司，所以特别强调账务处理的严谨性，Oracle 系统中，"发货单"一旦出库，是不允许修改和撤销的。一开始，我也按照这个原则来设计我们 SaaS 系统的发货单。直到有一天，我正常回访客户时，被客户一顿痛骂，简直把我们的系统说得一无是处。原来，这个客户一直用的是金蝶系统，在金蝶系统中，发货单是可以撤销的，很方便操作。而我们的系统不能撤销发货单，对他来说是极其不便的事情，以至于他对整个系统产生了很差的印象。

这位客户的话也引起了我的反思。首先，从 Oracle 产品的角度来说，因为产品的核心卖点是业务财务一体化，因此，注重操作的严谨性是有立足点的，毕竟"发货操作"会影响到财务发票的生成和处理；其次，Oracle 的用户都是大型企业，这种流程细节上的烦琐，用户的容忍度是相对高的。但我们这款 SaaS 产品的核心卖点却是"移动进销存"，并不需要太强的财务能力；用户的定位也是中小企业。因此，我们不应该盲目照搬 Oracle 的设计。想明白以后，我们马上在接下来的迭代中加入了"撤销出库单"的功能，而且还支持批量撤销。结果，在没有任何上线通知的情况下，一周以内就有超过 40% 的用户使用了这个功能。

如果当时我只顾着反击客户，而不懂得自以为非，就不会有接下来的出库单功能迭代，产品的进步也会被拖延。

### 2.3.3 如何培养自以为非的习惯

和究竟精神一样，自以为非也是一种习惯。但是，这个习惯同时也受到性格的影响。对于性格内向的产品经理来说，自以为非的习惯可能相对容易养成。而对于性格外向的产品经理，则可能需要刻意练习和强化。当然，我并不是说内向的 SaaS 产品经理会更有优势，实际上，外向的 SaaS 产品经理在客户沟通、内部协同方面都有巨大的优势。要培养反思的习惯，可以从以下两方面入手：

- 首先要意识到自以为非的必要性，承认我们在某些方面是无知的，并且是容易犯错的。

- 其次遇到问题有意识地多从自身找原因。问题产生的原因可能是多方面的，要重视自己做得不够好的部分，认真分析，争取下次不要再出同样的问题。多提醒自己，一旦你尝到了甜头，就会进入正向改善的循环。

## 2.4　第四项素养：学习能力

没有人天生就是优秀的。很多同学在毕业时还在一条起跑线上，几年后差距就加大了，其中一个重要原因就是各自成长的速度不同。虽然影响个人成长的原因很多，但是毫无疑问，学习能力是其中重要的原因之一。

我认为，学习能力是可以提升的，关键是有没有决心，以及是否采用了正确的学习方式。

### 2.4.1　4种正确的学习方式

#### 1. 系统学习

系统学习和不系统学习（零散学习）的效果差异很大。记得刚毕业时，一起入职的同事都选择了自己的专业方向。我选择了供应链管理，另一个同事小张选择了财务管理。几年后，由于工作需要，我学习了财务管理系统，并且和小张一起参与了某个大型项目。按道理，小张已经在财务管理领域深耕了好几年，他应该全面碾压我才对。但实际情况是，虽然小张在实际业务处理方面非常熟练，但是在财务知识和系统知识等方面，他却存在明显不足，有时候甚至还需要请教我，而我其实才学了一年而已。

后来我了解到，小张这些年并没有系统地学习过财务和系统知识，而只是根据项目需要零散地进行了学习。而我则是制定了目标和计划，对相关知识和产品进行了系统学习。

零散学习不但容易遗漏重要知识点、不够全面和深入，而且学习效率也很低。相反，系统学习则一次性把该学的知识点学到位，而且因为有计划地利用整段时间，所以学习效率要高得多。

系统学习往往遵循以下步骤：

（1）制订目标：确定学习目标。

（2）制订策略与计划：根据目标，制订学习的方法与进度计划。

（3）资源准备：准备相关资料和系统。

（4）计划执行：严格按计划完成学习。

以我学习财务系统为例。作为一个非财务专业毕业，也没有任何财务工作和财务产品经验的产品经理，我给自己设定了以下目标：

- 一年以内，熟练掌握 Oracle 财务系统相关配置和功能。

- 锻炼出独立支持上市公司财务月结，以及对外培训 Oracle 财务系统的能力。

经过分析，我认为，要实现这两个目标，需要在财务核算知识和 Oracle 财务系统这两个方面都达到专业水平。为此，我制订了四个学习策略：

（1）参加初级会计职称考试，并参加网校学习，以提高学习效率。

（2）打印 Oracle 财务系统用户手册，完成 2 遍阅读。

（3）安装 Oracle 财务系统，按照用户手册完成系统配置，并走通所有重要流程。

（4）找 1 个项目的财务管理方案，结合用户手册、财务系统进行深入学习，确保对方案和系统流程融会贯通。

对应的学习计划如下：

（1）每天晚上进行 2 小时网课学习，第二年 5 月前完成考试准备。

（2）每周阅读 1000 页用户手册，工作日 500 页，周末 500 页。

（3）本周完成 Oracle 系统安装，并每个月完成一个模块的操作学习。

（4）打印 XX 项目财务管理方案，在模块学习的同时，完成方案学习。

经过半年多的学习，我顺利通过了初级会计职称考试，并且读了 2 遍用 A4 纸双面打印的英文材料，这些材料摞起来大概有 16 厘米高，见下图。

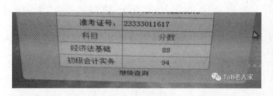

这半年多的学习对我帮助很大，基本建立起了自己的财务系统架构能力。学习结束后，我很快就被安排支持潍柴动力等客户的财务月结工作，并给客户员工、合作伙伴培训 Oracle 财务系统功能，而我都圆满完成了任务。不仅如此，在以后的产品工作中，不管是涉及财务的产品设计，还是与财务产品的集成，我都能游刃有余地应对。可见系统学习是多么高效的方式。

## 2. 知行合一

明代著名的军事家、思想家王阳明有一个观点：知行合一。他的意思是，如果你还没有成功完成实践，那么就算不得真正"知道"。所以，"行"是"知"的一部分，或者说，"行"和"知"本来就是不可分割的一个整体。

正如王阳明所说，书本上学来的东西，仅仅是逻辑层面的知识，没有感性上的认识，也谈不上亲身体会，因此往往是比较肤浅的。只有经过实践，我们才能深入地吸收知识；也只有完成实践，才意味着阶段性学习的完成。

很多朋友为了入门 B 端产品经理学习了大量专业课程。这当然非常好，但是说到底，B 端产品是用来解决实际业务问题的，产品经理的工作技能需要在实践中学习，很适合采用一位管理咨询老师讲过的"127 学习法则"：

$$有效学习 = 10\% 知识 + 20\% 练习 + 70\% 实践$$

即通过阅读或听课获得知识，占学习的 10%；通过训练和练习进行巩固，占学习的 20%；而剩下的则需要在实践中体会，占学习的 70%，这样才能把理性知识内化成自己的认知，才能完成整个学习过程。

如果你是一位想转行 B 端的产品经理，或者是还没有入行的学生，我非常推荐你去学习一些专业课程，尽可能完成前 30% 的积累。但是，剩下的 70% 则必须依赖于实际的工作。因此，我建议你不用太计较薪酬和职位，甚至不用太计较公司的名气。最关键的是，要有一个能够让你充分参与 B 端产品设计的机会。而且最好是独立负责一个产品或者一个模块，这样，你就能亲自完成从调研到运营支持的整个闭环。

另外，B 端产品的价值体现在帮助客户实现商业价值上，因此产品经理的实践很大一部分是要到客户中去，通过客户的反馈不断完善产品功能，并加深对业务的理解。对于那些不能接触到一线客户的产品经理的工作，我建议大家慎重选择，因为它们严重违背了"知行合一"的原则。

### 3. 保持质疑

尽信书不如无书。不管是看书还是听课，其实都是在学习其他老师的个人经验，我们都要保持质疑的态度。原因有两个：一方面，每个人的人生都是全新的，各不相同的，他人的成功经验不能简单套用在我们的身上；另一方面，书籍内容良莠不齐，有些书带有明显的个人倾向，不够客观。所以，如果什么书都相信、什么观点都不带质疑地接受，那么除了浪费时间，还可能给我们造成严重的误导。

有很多资料虽然表达了作者的独到见解，但逻辑上存在明显漏洞。比如，某位腾讯前副总裁曾经说过一个故事：斯坦福医学院发表了一篇预测新冠病毒肺炎感染人数的论文，研究人员抽查了圣塔克拉拉县 3300 人，发现大约有 2.5%~4% 的居民已经感染了该病毒，而目前该地区报告的感染病毒人数不到总人口的 0.05%。于是他们得出结论，这种病毒的实际感染人数是报道感染人数的 50~80 倍。但是实际上，研究人员的抽查方法是有缺陷的，因为他们是在 Facebook 上做广告，邀请志愿者来医院参加免费测试。当时这个地区已经颁布了居家隔离的限制令，一般人如果没有一点症状，是不愿意去医院参加这样的测试的。因此，这样统计出来的染病率肯定是大大偏高的。

要知道，斯坦福医学院可是世界顶级医学院，他们都会出现这样基本的错误，我们又有什么理由不保持质疑的学习态度呢？如何在读书时保持质疑呢？这里给出两个建议：

- 建议在读书时，每读到一个观点，都多问几个为什么。如果作者的论述不能解答我们的疑问，或者我们自己还没有想得很透彻，那么就不能全盘接受他的观点。

- 加大阅读量，阅读多种类型的书籍，这也可以提高去伪存真的能力。举例来说，在学习管理知识的时候，我除了阅读经典管理著作，比如德鲁克的《卓有成效的管理者》；也会阅读管理实践类书籍，比如《云大项目管理实用译丛：项目干系人管理》；还会阅读管理方向的前沿杂志，比如《哈佛商业评论》。不同书籍、不同观点、不同案例交错在一起，就能起到相互校验、相互补充的作用，能帮助自己形成判断。

实际上，越是优秀的人，越不会简单地接受他人的观点，哪怕提出这个观点的人非常有地位和权威。微信之父张小龙曾说过："我所说的，都是错的"，我认为他也是在鼓励大家敢于质疑和独立思考。

### 4. 克服惰性

学习和健身一样，有一个从量变到质变的过程。如果不能长期坚持，可能就会功亏一篑，已经付出的努力也被白白浪费。做好以下三点，可以帮助我们克服惰性，养成坚持学习的习惯。

（1）设定目标。给自己设定一个有一定难度同时又能够达成的目标，这一点很重要。因为成功会激励我们继续努力，从而迈向下一个成功。比如，我学习 HR 系统的时候，就给自己设定了下列半年目标：

- 读完 10 本 HR 经典著作。

- 深入研究一个 HR 项目的方案资料。

- 把 Oracle HR 套件的系统资料阅读两遍。

- 根据系统资料，在 Oracle HR 系统中配置和操作两遍。

（2）制订计划。有了具体目标以后，需要把目标拆解到月、到周，甚至到天、到具体时间段。这样，我们就能够把少数大目标拆解成很多小目标，持续检查进度，并督促自己不断向大目标靠近。如果进度不理想，也可以很快明确延迟原因和程度，尽快采取补救措施。

（3）营造环境。我国古代就有"孟母三迁"的故事，充分说明了环境对人的影响。人的自律程度都是有限的，一个好的环境有助于我们坚持学习。比如，在家看书容易受到诱惑或干扰，影响看书的效率；但是如果我们去图书馆阅读，就更容易静下心来。

因此，我们需要给自己营造一个良好的学习环境。比如，和家人约定好，每天晚上 9 点到 11 点是学习时间，希望家人尽量避免打扰。另外，在朋友圈每日"打卡"，接受群友的监督，也可以营造好的外部环境。

## 2.4.2　4 个实用的自学方法

很多 SaaS 产品经理都面临一个问题：没有资深产品经理手把手带教。确实，有一个好老师对产品经理的成长非常有帮助。但是我们也必须承认，好老师可遇不可求。况且，老师也不能帮我们一辈子，总归还得靠自己。因此，掌握好的自学方法就至关重要。

拉卡拉的创始人孙陶然曾经说过，学习有三种方式，分别是向书本学、向先进学、向自己学。我个人很赞同孙陶然的观点，相应地，我把 SaaS 产品经理应该掌握的自学方法总结为以下四种。

## 1. 阅读

阅读是性价比最高的自学方法。记得刚涉足 B 端行业时，我养成了每天早上阅读 30 分钟行业文章的习惯。坚持一段时间下来，我的行业视野大大提升，不管是和同事沟通，还是和其他公司的高管、CEO 沟通，都能平等对话、互有启迪。

当然，阅读文章主要还是获取最新资讯。要想系统建立知识体系，就必须阅读书籍。不过，人的时间是有限的，即便是读书，也要追求尽量高的效率。关于阅读书籍我有下面几点建议。

- 不同书籍可以采用不同的阅读方法。比如：

  - 对于传记类、历史类等非本专业书籍，可以采用泛读的方法，快速读完一遍，重点是理解作者想要表达的核心思想。

  - 对于产品经理、行业业务等本专业书籍，建议先快速浏览一遍，再精读一遍。这样做主要有两个好处，一是可以用较短的时间做一个综合判断，如果书籍质量不佳，则可以及时止损；二是可以快速对全书主题和结构有一个整体印象，这样，在第二遍阅读时就可以精读重点章节。

  - 对于经典书籍，则建议大家全书精读第二遍。实际上，真正好的书籍是值得我们反复阅读的。比如，我读了 8 遍《启示录：打造用户喜爱的产品》，还买过好几本送人。

- 不用刻意保持书的整洁，而应该直接在书上做笔记，随时记录下阅读感想。

- 写读书笔记是一个好习惯，可以促进我们深入思考。建议大家每天都记录并分享自己的读书笔记，不但可以帮助别人，反过来也可以激励自己坚持阅读。比如，我就每天在朋友圈分享 500 字左右的读书笔记（如下图所示），很多朋友说："本来没有读书习惯，因为看你的朋友圈，自己每个月也能读 1 到 2 本书了。"我也因此不敢懈怠，每天都坚持读书 1 小时左右。

## 2. 研究成熟系统

### 1）标准化设计能力（架构能力）

很多朋友问我，该如何提高标准化设计能力？作为 SaaS 产品经理，最核心的能力就是标准化设计能力。而标准化设计能力的本质是产品架构能力：当客户提出一个需求时，SaaS 产品经理需要快速梳理出这个需求应该抽象成什么业务场景，用什么功能来满足需求，这个功能在整个产品中的位置，以及这个功能应该由哪些层次、页面和关键字段组成。

关于产品架构能力，我作出过一个比喻：架构就像棋盘，散乱的需求则像一堆棋子，而高明的棋手（架构能力强的人）会胸有成竹地把棋子放到合适的位置。

2）如何提升架构能力

那么架构能力怎么提升？有人说，架构能力源自对实际业务的归纳和抽象。但是根据我的经验，形成架构能力的最佳实践，其实是研究成熟系统，直接从上到下构建一个"完整的棋盘"。

需要特别说明的是，我们平时研究的竞品未必都是足够成熟的系统，毕竟中国大部分SaaS产品的历史都不超过十年，而且也很少被跨国集团大范围采用。而部分传统软件已经迭代了几十年，一些软件的产品架构甚至经历了大部分世界500强的复杂场景考验。比如，Oracle公司在1992年发布的EBS R9，已经包含财务会计、生产制造和人力资源等模块。而其中的财务管理模块，一开始就支撑起Oracle公司的国际财务管理体系，后来又被应用到了全球超过3万家企业，包括IBM、宝马，以及国内的华为、阿里巴巴等。

学习Oracle EBS R9这样的系统其实并不困难，最重要的是系统学习（具体学习建议参见2.4.1节）。当然，相关系统资料的获取可能有一定难度，建议大家多借助百度、淘宝、Google等工具，相信一定可以找到适合自己学习的资料。

### 3. 客户调研

客户调研是SaaS产品经理完成工作的关键步骤，同时我们也应该把它看作向客户学习的机会。根据调研方式的不同，又可以分为远程调研和现场调研。

1）远程调研

远程调研因为成本较低，应该纳入产品经理的日常工作。

我建议产品经理每天都与客户保持互动。以我自己为例，我每天都会查看客户需求清单，对服务部门转过来的客户问题或需求进行处理，通过电话与每个提出问题的客户进行沟通。同时，我建议SaaS产品经理要有自己的"10个核心用户"，即任职于典型客户企业，担任管理层或核心骨干，同时又愿意与产品经理保持频繁互动的用户。这样的用户由产品经理亲自服务，因此他们也很愿意和产品经理进行业务交流，对产品经理的成长和工作都很有帮助。

2）现场调研

相对于远程调研，现场调研具有以下几个方面的优势：

- 系统性强。现场调研之前往往会和客户预约，因此客户安排也会更充分，包括时间、人员和行程安排等。因此，产品经理往往可以一次性就企业经营策略、业务流程、管理重难点、现场操作等问题进行系统性的调研。

- 交流深入。现场调研最突出的优势是面对面沟通。如果我们和客户电话沟通，由于看不到对方的表情和状态，可能会造成沟通误解或者信息的遗漏；如果我们产生疑问，也不方便通过画图、演示等方式进行更深入的沟通。而面对面沟通则可以弥补这些不足，也可以就一个关键点进行反复研讨，通过"究竟精神"，把一个问题或需求彻底搞清楚。同时，现场调研时可以和企业老板、管理层以及现场人员分别进行深入交流。

- 现场能发现"小问题"。有一些产品问题不深入现场可能就无法发现，它们看似小问题，却对一线操作者的使用造成了困扰或负担。例如我在第一次设计 SaaS 产品移动端时，对高效率（尽可能减少用户的操作步骤）的重视度不够。比如，对于选择商品售卖单位的操作，如果销售 1 箱 2 瓶，用户就需要多点击两次来选择售卖单位，我在设计时觉得影响并不大。后来我去现场调研，发现虽然只是每个商品多点击两次，但是由于用户是用一只手搬运货物，另一只手操作系统，这多点击的两次就会给用户造成不小的负担。不去现场，我们就很难体会到"小问题"给用户造成的困扰，也就失去了改进产品的大好机会。

虽然现场调研好处很多，但是成本也比较高，特别是当客户在外地办公时，完成一次异地调研往往要耗费数天时间。因此，我们需要充分安排好每一次现场调研。具体来说，现场调研可以分为以下三个步骤：

（1）调研准备。在这个阶段，我们要思考好调研目的，并提前沟通好调研对象、调研形式、时间安排，并准备好问题清单。下面给一个简单的示例，供大家参考。

调研目的:

- 调研产品在实际使用中存在的用户体验问题,包括效率问题和可用性问题。

- 与客户深入沟通在供应链管理方面的新需求。

调研对象:

- 客户公司 CEO(公司决策层)。

- 供应链部门负责人(供应链管理层)。

- 仓库管理人员、销售人员(执行层)。

调研形式:

- 系统使用问题演示,现场沟通。

- 供应链管理需求会议讨论。

- 仓库现场调研。

- 和销售人员一起拜访门店。

时间安排:

- 第一天,客户办公室讨论。

- 第二天早上,仓库现场调研。

- 第二天白天,和销售人员一起拜访门店。

- 第三天上午,调研总结与讨论。

问题清单:

- 客户 CEO:您放弃竞品选择我们的产品,最重要的原因是什么?

- 执行层:您觉得使用我们产品,最大的问题是什么?

- 其他问题略。

（2）调研执行。调研时，我们需要按照计划推进，确保完成所有调研内容，并达成调研目的。在调研过程中，有一件重要的工作容易被忽略，那就是做好调研记录。调研时，我个人习惯是少说、多观察和多听，并且做好详尽的调研记录，尽可能记录调研对象的原话。所谓好记性不如烂笔头，做好详尽的记录，事后才能更好地还原当时的情景，避免遗漏甚至误解。

（3）调研总结。最后，我们还需要把调研记录整理成总结报告，与同事进行分享。推荐大家做内部分享的一个原因在于："教"是最好的"学"。在教会别人的同时，也能帮助自己学习得更加深入。

### 4. 复盘

复盘是"向自己学习"的最好方法，也是很多知名企业家推崇的学习方法。

人的进步其实是一个叠加的过程，假设一个人每天进步 1%，一年下来就会有 3.6 倍的进步。虽然人的成长并不是一个简单的数字公式，但是，不断超越"昨天的我"，确实是人类进步的重要途径。而复盘，正是通过不断的自我反省，找到改进的方向，从而促进自身的成长。

值得注意的是，复盘不应该是漫无目的的总结，而应该首先制订出自己的目标、打法和执行计划，再围绕着计划的完成情况不断总结和思考，找到成功和失败的原因，从而达到不断自我提升的目的。关于复盘的书籍有不少，大家可以根据自己需要进一步学习。

## （2.5） 第五项素养：结构化思维

C 端产品很强调用户心理状态和感受。比如，在 2021 年微信之夜上，张小龙说："我们之前尝试用视频动态表达一个人的状态，但视频化表达在这个地方其实挺困难的。因为拍个视频让所有的好友看到，这个压力还是挺大的。"微信为什么能这么成功？和张小龙对用户心理的精准把握关系很大。

而 B 端产品就不一样了，它更强调为企业经营赋能，强调开源节流，强调效率提升和风险管控，需要产品经理具备更多理性思维。同时，企业的日常运转往往涉及复杂的多部门协同，企业经营结果的好坏，也受到多种因素的影响。因此，当产品经理面对一个需求时，就需要具备快速梳理、精准定位并解决问题的能力。而要具备这样的能力，除了要熟悉业务和系统，最重要的就是具备结构化思维。

## 2.5.1　什么是结构化思维

关于结构化思维，比较学术化的解读是，通过梳理事物的结构来引导思维和表达，并帮助我们分析和解决问题的一种思考方法。我认为，如果说解决问题的线索像一颗颗珍珠，那么结构化思维就是"把珍珠串成项链"的棉线。

曾经有一个朋友问我，如何才能快速让客户认识到自己的专业性。我请他假设我是潜在客户，让他给我描述一下他们的产品是做什么的。这位朋友说："我们的产品主要是给客服使用的，当客户有售后问题时，客服可以通过我们的产品快速找到问题的答案。"

他的回答本身没有错，但是对客户却缺乏吸引力。我告诉他，产品经理对外沟通时，需要用结构化的表述，比如："为了解决售后问题，很多企业都配置了大量客服人员，不但成本高，响应速度还很慢，根本原因在于手工处理太多，而智能化不足。使用我们的产品，通过智能化软件替代客服人员，可以减少 60% 的人工，并将对客户的响应速度提高 40%。您可能不知道，你们行业的 XX 公司，早就购买了我们的产品，是我们的长期客户。"

上述回答就是典型的结构化表述，其背后实际上是一种结构化思维：客户问题→原因分析→解决方案→方案效果→成功案例。

## 2.5.2　结构化思维≠智力

结构化思维和个人智力关系不大。我曾经有一个下属，刚从重点大学毕业，还获得了另一所985大学的研究生保送资格，无疑是一个优秀的年轻人。不过，可能因为在大学缺乏结构化思维训练的原因，他在担任产品经理的过程中，遇到了不小的挑战。比如，他在梳理某个集团管理方案时，就不能恰当地把一个复杂问题分解为多个简单问题，因此方案多次被打回重做。

另外，结构化思维也不是天生的。就我自己而言，上大学以前，不管是做事还是说话，大家都认为我分不清轻重、说不到重点。所幸，我在大学期间看了大量的管理类经典书籍，比如《基业长青》《追求卓越》等，这些书籍锻炼了我的结构化思维，也让我在后来的IT咨询生涯中，能够很好地和客户管理层进行沟通。

## 2.5.3　如何培养结构化思维

根据我自己的经验，有四种方法可以有效提升结构化思维。

### 1. 阅读经典管理书籍

阅读经典管理书籍就像和这些作者进行亲密交谈。这些管理学大师们，很擅长将一个独特的新观点，用清晰、严谨的语言表述出来，再通过一个个案例佐证，让你不得不信服。比如克里斯坦森的《创新者的窘境》，为了说明什么是颠覆式创新，他首先将技术分为了延续性技术和颠覆性技术：延续性技术主要通过扩展或者优化现有功能，来增强主流产品的性能；而颠覆性技术则采用全新的方法来解决一个问题。颠覆性技术一开始可能并不起眼，往往从一个非主流市场起步，很容易被大企业所忽略。但是它的进步速度很快，最终会颠覆现有产品，占据主流市场。如下页图所示：

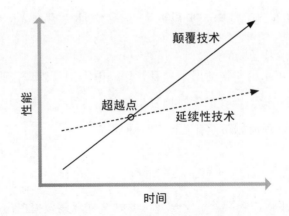

克里斯坦森还举了一个例子。液压式挖掘机刚诞生的时候，虽然挖掘精度更高而且更安全，但由于每铲的铲土量只有 0.25 立方码[①]，远低于主流的缆控式挖掘机（1~4 立方码），因此只能被卖到更低端的个人房屋工程队里。但是液压式技术发展迅猛，10 年后已经能够满足主流市场需求，又过了 10 年甚至达到每铲 10 立方码。于是所有工程队纷纷购买铲土量更大、而且更精准更安全的液压式挖掘机，原有的缆控式挖掘机企业则几乎全军覆没。

《创新者的窘境》实际上就是一个很好的结构化思维范例：论点→论证→论据。即首先分析两种技术的差异，从而推导出"颠覆式技术战胜延续性技术"的结果。再用实际的案例，来论证这个推导的过程。

而阅读这样的书籍，实际上就是在做思维训练，最终达到提升结构化思维的目的。

### 2.掌握经典思维模型

如果我们能够掌握一些经典的"结构化思维模型"，平时多按照这些模型来梳理思路，就一定能加快提升结构化思维能力。下面介绍几种常用的思维模型。

#### 1）PDCA

由爱德华兹·戴明宣传并普及的 PDCA，又被称为戴明环。PDCA 的含义

---

① 　1 立方码 =0.765 立方米。

是将质量管理分为四个阶段，即 Plan（计划）、Do（执行）、Check（检查）和 Act（处理）。

实际上，PDCA 也非常适用于项目管理，因为项目管理很强调过程控制，和质量管理如出一辙。当我们面对项目型业务时，如果熟练运用 PDCA 模型，将有利于我们快速理清思路，有效提高沟通效率。

2）4P 模型

20 世纪 60 年代，美国营销学学者杰罗姆·麦卡锡教授提出了 4P 营销组合策略（4P 模型），如下图所示。

4P 是 4 个单词的首字母组合，其含义如下：

- 产品（Product）：满足客户需求的产品或服务。

- 价格（Price）：让顾客负担得起的价格。

- 推广（Promotion）：让顾客了解产品的优点。

- 渠道（Place）：让顾客买得到产品。

当我们面对营销型业务，或者需要与 CMO、CEO 沟通时，4P 模型是我们必须掌握的思维模型，因为它是很多企业营销策略的基础。比如快消品分销强调的"买得起""买得到""乐得买"，就分别对应价格、渠道、产品和推广。产品经理深刻理解 4P 模型，除了便于与客户沟通，也能够提高自己的商业思维水平。

3）客户生命周期模型

在服务客户的过程中，我们需要把客户分类，从而制订针对性的服务策略。而客户生命周期模型就是一种常见的客户分类方法。比如，我们可以按如下阶段对客户进行分类：

- 潜在客户：即还没有成交，但存在购买意向的客户。比如，对于电商，可能是已经注册但还未下单的客户；对于传统服务业，可能是已经到店体验但还没有购买的客户。

- 新成交客户：一般是指购买过第一单，且还未判定为流失的客户。比如，最近一周内在平台下了第一个订单的客户。

- 留存客户：一般是指下过多个订单，并保持一定消费频率的客户。在不同行业，留存客户的定义可能有一定差异。比如在美容行业，留存客户可能会被定义为已经充值，并保持一定到店频率的客户。当然，留存客户还可以进一步细分，比如按照消费金额划分、按照满意度划分等。按照消费金额划分，可以让我们更聚焦于高消费的客户；而高满意度的客户则更有可能进行转介绍。

- 潜在流失客户：是指一段时间（比如3个月）已经没有下单或者到访门店的客户，这样的客户需要我们重点关注。因为一旦流失，再唤醒就很困难了。有些企业会进一步细分潜在流失客户，比如1个月未到店和3个月未到店等，以区分流失风险的严重程度。

- 流失客户：指已经较长时间不到访或者不下单的客户。比如，如果客户最低一个月到访一次，那么超过12个月不到访，基本就可以判定为流失客户了。客户流失是一件非常可惜的事情，因为唤回的难度和成本都是相当大的。因此，如果一个企业的客户流失率很高，那么这样的企业发展空间就很容易受限。

当然，不同的行业可能有不同的客户阶段命名，甚至划分出更精细的阶段。但是，只要我们掌握最基本的客户生命周期模型，就可以在和客户交流时，先"搭好架子"，再根据行业情况和客户具体情况，进行相应的调整。

### 3. 使用辅助思考工具

B 端产品设计的过程，实际上是思考经营管理方案的过程，也是一个涉及多流程、多节点、多角色的复杂的思考过程。如果我们只是单纯用头脑思考，除了效率低下、容易出现结构性错漏，也不利于我们锻炼结构化思维能力。因此，推荐大家在平时多使用辅助思考工具。而思维脑图和流程图则是 B 端产品经理最常用的两种工具。

很多产品都提供思维脑图工具，包括 MindManager、XMind 等，也很容易上手，在这里就不赘述。

流程图我个人比较喜欢用 Office 的 Visio，以及国内的 ProcessOn。流程图首先要分层，至少要分为概要流程和详细流程。概要流程主要是帮助我们对业务形成一个完整的视角。而详细流程则要说清楚什么岗位在哪个步骤要完成什么任务，任务输入是什么，任务输出是什么，以及各个任务的详细描述和重难点描述。

### 4. 日常运用

结构化思维也是一种实践技能，同样遵守 127 原则，即 10% 的知识、20% 的练习和 70% 的实践。

因此，在日常工作中，我们要有意识地运用各种思维模型和辅助思考工具，对客户的实际业务进行梳理和分析。在工作之外，我们也要勤于动笔，将思路写下来，再反复思考和修改，直到我们的逻辑是清晰、完整的。

罗马不是一天建成的，结构化思维能力也不是一蹴而就的。但是，只要勤加练习，坚持一段时间下来，就一定可以显著提高我们的结构化思维能力。

## 2.6　第六项素养：沟通能力

### 2.6.1　什么是沟通能力

你可能会说，沟通不是很简单吗？自己说得清楚，对方听得懂，就是有效沟通。你说的没错，能够把信息准确传递给对方，确实就具备了基础的沟通能力。但在实际工作中，仅仅"把事情说清楚"还远远不够。

我们可以把沟通过程分为三个部分：心、脑、手。如果不能打开对方的"心扉"，让其产生安全感乃至好感（心），那么，对方就不可能真正接受我们的观点（脑），更不可能采取行动来配合我们的工作（手）。所谓"让他产生安全感"，就是让对方认识到"我们并不是来损害你的利益的"；而"让他产生好感"，则需要让他认识到"我们是来帮你的，并且也是值得信任的"。

举例来说，我曾经接受一位董事长的邀请，到他的企业担任战略顾问，推动企业数字化转型。我一到位，就启动了对一线门店的调研，并根据调研结果提出了"All in 微信""数字化营销"等 IT 战略。可是我很快发现，COO 对数字化转型并不是很感冒，我召开了几次会议，他都因为"其他重要的工作"而缺席。

经过沟通我发现，原来这家企业的 CRM 系统一直存在大大小小的问题：数据不准确，可用性很差，导致运营部门怨声载道。运营部门甚至建立了一套手工报表体系，每个门店都设立了行政人员来处理这些报表工作。对于 COO 来说，解决 CRM 系统的问题才是他当下最紧迫的问题。况且，我初来乍到，他并不了解我的能力和人品，对我有所戒备也就在所难免了。

明白了问题所在，我便将工作重心先调整到 CRM 系统上。通过调整人员、建立机制等手段，几个月后，CRM 系统的数据准确率已经达到99.97%，用户体验也得到了很大改善。更重要的是，运营部门因此抛弃了手工报表，对各门店行政人员进行了大量裁减。COO 终于对我产生了信任，在接下来的工作中，他非常配合我的项目，IT 战略的推进也因此顺利了很多。

如果我当时没有认识到症结所在，而一味想着去说服 COO，无论我说得多么有理有据、清清楚楚，沟通效果都不会很好。在这种时候，过多的语言沟通意义不大，了解 COO 内心真正的顾虑，解决这些顾虑，获得 COO 的信任，才是解决问题的关键。

## 2.6.2  高效沟通的重要性

作为一个 B 端产品经理，高效沟通的能力非常重要。因为整个产品规划和落地的过程，实际上就是产品经理与多方沟通的过程：

（1）在需求调研阶段，你需要了解客户的业务细节和痛点。如果客户是大企业，还可能需要和存在利益冲突的多个用户进行沟通。

（2）在方案 / 产品设计阶段，你需要得到领导对方案的认可。另外，这个阶段和客户、UI/UE、开发人员的沟通，也很重要。

（3）在产品上线阶段，你可能需要处理 bug，安抚客户和运营 / 客户成功部门的情绪。

（4）在产品运营 / 迭代阶段，你需要和客户、运营 / 客户成功部门保持良好的协作关系，因为你必须依靠他们的帮助，才可能发挥产品的价值。

如果一个 B 端产品经理拥有良好的沟通能力，那么他的产品工作和职业生涯都会更顺利。我曾经带过两个初级产品经理，一个叫小王，一个叫小李。小王有一个缺点，就是其他部门同事找他协助工作时，他总有些不耐烦，因此没少被其他部门投诉，我也因此不敢让他承担需要跨部门协调的工作（往往也是更重要的工作）。小李则一直热心协助他人，经常得到其他部门同事的夸奖，他负责的工作也总能得到其他部门的配合。后来，我开始让小李负责公司的一些重要系统，并安排小王配合小李的工作。我离职创业以后，小李也跳槽去了新公司，而他在新公司的发展也很顺利，很快就得到了领导重用。

小王和小李的差距，主要就在于沟通能力。实际上，越是大企业，越是高端职位，对沟通能力要求越高。如果大家希望以后去大公司工作，或者在企业担任高端职位，就一定要好好培养自己的沟通能力。

### 2.6.3　如何培养沟通能力

很多产品经理的沟通方式存在问题，主要原因在于太关注"事"，而对"人"关注不够。比如，有些产品经理在沟通时急于达到自己的目的，不考虑对方的想法，这样的沟通效果可想而知。

我们必须认识到：打开对方的心扉，是有效沟通的前提。因此，培养沟通能力，重点在于培养人和人之间的信任关系。具体来说，可以通过以下几种方式培养我们的沟通能力：

- 阅读经典书籍：有很多经典书籍讲了如何培养沟通能力，比如帕特森的《关键对话》推荐大家读一读。当然，阅读书籍只是帮助我们梳理清楚思路，培养沟通能力还是需要多实践。

- 重视他人利益：没有人喜欢和"只考虑自己利益"的人合作。因此，如果能养成"先考虑对方利益"的习惯，将大大提高我们的沟通能力。

- 维护日常人际关系：一个人的沟通能力绝不仅仅体现在正式合作的时候，更是体现在日常的工作和生活中。比如，同事生了小孩，你有没有给他送一个小礼物？新同事入职，有没有主动问问是否需要帮忙？拿到项目奖金，有没有给帮助过我们的同事送一盒水果？领导遇到问题，有没有迎难而上，主动帮领导解决困难？这些都反映了一个人的沟通能力。

可能有人会觉得，这些事情和工作没有直接关系，反而会占用我们的时间。但是，我们必须明白，在沟通这件事情上，"到达目的地的最短距离，往往不是一条直线"。试想，如果有一位同事平时见面只是简单打个招呼，突然有一天他又是给你送礼又是说好话，你会怎么想呢？你很可能觉得这个人有求于你，突然的热情只是他的权宜之计罢了。

# SaaS 产品经理的 5 大技能

SaaS 产品经理是一项高度专业的工作。要想完成好这份工作，就必须掌握 5 项专业技能。其中，"竞品分析"能够让我们"站在巨人肩膀上前进"，是互联网产品设计的重要方法；"业务调研"是产品设计的基础，不了解客户需求就无从满足客户需求；"产品方案编写"是产品设计的核心，其中又包括整体方案编写和详细方案编写；"产品规划"是产品成功的保障，缺乏规划或者错误规划的产品，失败概率将大大增加；"团队管理"则是从"自己设计"发展到"团队设计"的关键，是产品进一步发展壮大的保障。本章将带你深入学习以上 5 大核心技能。

# 3.1　第一个技能：竞品分析

## 3.1.1　正确的竞品分析方法

做产品设计，最开心的事情莫过于有竞品可以"抄"了，毕竟踩在巨人的肩膀上攀登，是最省力的方法。不过，"学我者生，似我者死"，如果我们只是简单地模仿产品功能，很有可能"东施效颦"，不得要领。

错误的竞品分析方法，除了可能"抄"不到要领，对我们自身成长的帮助也极其有限。毕竟照着页面画原型，只是产品经理最基本的技能。因此，我们一定要掌握正确的竞品分析方法。

正确的竞品分析方法一定要关注产品背后的东西。比如，淘宝是中国最火的购物 App，但假如我们复制一个一模一样的购物 App，能成功吗？毫无疑问是不能的。因为淘宝 App 的背后是其庞大的商家和买家资源，以及供应链和金融等支撑体系。

我做产品经理的时候，竞品分析是日常工作之一，不过，我们从来不会直接复制竞品的功能和页面，而是首先分析竞品功能设计背后的逻辑，再把这个逻辑应用到自己的产品上来。

SaaS 产品也一样，其成功或失败的原因，绝不仅仅是它的功能或者体验。如果要深入分析一款 SaaS 产品，建议从以下五个层面着手，包括：

- 战略层：产品的定位，包括面向的客户群体是谁、解决他们的什么痛点等。

- 资源层：产品背后的资源，比如数据资源、供应链资源等。虽然资源本身不是产品的一部分，但却是产品竞争力的来源之一。

- 能力层：产品背后的能力，比如产品团队的行业经验、SaaS 产品的 PaaS 能力等。这些能力也不是产品的一部分，但却在很大程度上决定了产品功能的优劣。

- 场景层：满足客户需求的具体功能，比如线下分销场景的拜访功能，或者线上订货场景的购物车功能。场景层是产品的主要组成部分，决定了我们对客户业务流程的覆盖程度。

- 感受层：满足了客户业务需求，还需要关注客户能否正确使用功能、操作效率是否高，以及产品界面是否清晰、美观。不要小看感受层，它可能不是一款 SaaS 产品成功的核心原因，但有可能是一款 SaaS 产品失败的核心原因。

接下来，我们针对这个五个层面逐一阐述。

## 3.1.2　战略层：定位的力量

战略就是定位，即我们选择了什么类型的客户，并且为其创造了什么独特价值。好的定位不但可以规避强大的竞争对手，还可以让企业的发展驶上快车道。我有一位朋友，2019 年在 HR SaaS 领域创业，虽然在 HR 赛道已经有了北森、肯耐珂萨等巨头，但是他选择了一个细分垂直领域，创业不到 3 年，公司年营收数千万元，赢利情况也非常不错。可见，定位（战略）是一款 SaaS 产品的核心，是我们分析的重点。

在分析竞品战略时，可以关注以下重点：

*1）产品价值*

竞品主要面向什么客户？客户愿意付费吗？这两点从根本上决定了竞品的核心价值。

比如，"商贸宝"进销存 SaaS 产品主要面向批发市场的商贸企业。其产品版本分为免费版和收费版：

- 免费版主要提供简单的 PC 端进销存功能，面向小微批发主。

- 收费版则分为多个行业版本，比如快消行业版本，为快消品经销商提供销售人员移动端管理功能；服装行业版本，为服装商贸企业提供连锁门店管理等功能。其收费版移动端功能强大、体验良好，能够显著提高商贸企业运营效率，节省人力，因此客户愿意持续付费。

### 2）市场规模与潜力

竞品的市场规模和潜力，会影响它的产品规划方向，我们也可以据此推断未来我们的产品和竞品的竞争关系。

和传统软件不同，SaaS产品往往立足于一个细分市场，比如服务于灰领招聘市场的SaaS软件，或者服务于技术人才招聘的在线笔试SaaS软件等。如果竞品的细分市场较小，那么虽然创业难度较低，但也必然很快面临增长的瓶颈。这时竞品就会积极寻找第二增长曲线，甚至涉足我们产品所属的细分市场。如果竞品的细分市场较大，那么也可以作为我们寻找第二增长曲线的方向。

除了竞品当前的市场规模，还需要分析市场规模的增长潜力。比如，遍布街边的"夫妻老婆店"就是一个规模不断下滑的市场。这在一定程度上解释了，服务于夫妻老婆店的阿里零售通为什么一直都不温不火。反之，知识服务、电子签约等市场则处于上升阶段，可以预判，小鹅通、上上签这样的企业，都还拥有较大的发展空间。

### 3）环境成熟度

有些竞品或者竞品的功能，还处于市场验证阶段，这种情况下，我们就需要分析其商业环境的成熟度。比如，在SaaS行业，"大数据+AI"是当下最热门的方向之一。虽然在电商等领域，已经证明"大数据+AI"能够创造巨大的商业价值，但是某些行业业务的线上化程度不高，就可能制约"大数据+AI"功能的普及。

例如，快消品行业大量业务场景和数据都没有实现"线上化"，包括货架、冰柜陈列的商品等数据，在这种场景下较难应用"大数据+AI"。不过，我们必须密切关注环境的变化。实际上，越来越多的 App 支持图像识别功能，这也使得未来货架、冰柜陈列的商品线上化成为可能。

4）竞争程度

规模再大、商业环境再成熟的细分市场，如果当前竞争者已经很拥挤，那么新进入者也会陷入苦战。因此，分析竞品时，必须考虑主要竞争者，以评估市场竞争的激烈程度。

"巨头赛道"则是一种潜在的竞争。所谓巨头赛道，是由于产品标准化程度高且用户规模巨大，因而容易被互联网巨头盯上的创业赛道。比如，钉钉、企业微信和飞书都已经重兵投入的办公协同领域，大部分 SaaS 创业者都会退避三舍。

## 3.1.3　资源与能力层：核心竞争力

1）资源层

一个加油站设施再完善，服务再好，如果没有油，那么都无法满足客户的需求。同样，一个 SaaS 产品是否有竞争力，核心决定因素之一的就是其背后的资源。这种资源包括资金、服务器、标杆客户等。

比如，同样是办公协同软件，钉钉和企业微信的使用流畅度，就明显优于云之家。如果不能解决背后的服务器等资源问题，云之家就很难超越钉钉和企业微信。

服务器属于相对容易获取的资源，而有黏性的 C 端用户、标杆客户案例、网络效应、用户数据（需授权并脱敏）等则是更为战略性的资源。比如在电子签约领域，任何一份合同的签署，都需要由甲乙双方发起，且需要经过验证身份、验证意愿、合同签署三个步骤。虽然电子合同相对于纸质合同，可以节省成本、加快交易速度，但如果某电子签约平台的用户过少，则企业需要付出很高的成本进行培训和推广。而另一方面，为了顺利完成合同签署，企业和用户也会主动推广所使用的电子签约平台。这就导致，用户基数越大的电子签约平台，增长速度越快。

因此，企业和个人用户所构成的网络效应，就成为了电子签约平台提高用户体验的战略资源，也是构建护城河的关键武器。那些企业数和用户数都较少的电子签约平台，不可能有很好的用户体验，也难以逃脱被收购或者出局的命运。

2）能力层

除了资源，竞品所拥有的独特能力也需要进行分析。这种能力包括技术能力、创新能力和提供咨询服务的能力等。

比如，很多领先 SaaS 公司投入了上亿元的资金用于开发其 PaaS 平台，本质就是为了构建出"高效满足用户个性化需求"的独特能力。在一家领先企业率先构建好成熟的 PaaS 平台后，跟随企业就会面临非常大的压力。

除了满足用户提出来的需求，很多 SaaS 产品还率先利用新技术主动为用户创造价值。比如 Salesforce 就率先开发出 AI 产品 Einstein，以帮助企业从社交媒体上收集消费者对其产品的情绪信息，实现对市场的洞察。利用新技术构建独特的产品能力，实际上是一种非常重要的创新方法。如果我们发现竞品精于此道，那么这样的竞争对手对我们来说将非常危险。

了解竞品在资源层和能力层的能力，有助于我们评估竞品的核心优势，即便无法模仿，也有助于我们扬长避短。

## 3.1.4　场景与感受层：打造极致的产品

1）场景层

不管 SaaS 产品的服务器资源多么充足，PaaS 平台的能力多么强大，最终，它们都需要通过具体的功能，来支撑起客户的一个个具体业务场景。

当我们分析竞品的一个标准功能时，直接看到的是它能够满足"某一个具体需求"；随着经验的积累，还要尽力分析这个功能如何满足"某一类通用需求"，这是对场景层做竞品分析时需要特别注意的点。

比如，竞品的订单功能中新增了"未付款"状态，且能够实现当某一张订单未付款时，不允许其发货。这时候，我们就可以分析，是否所有的客户都受到"未付款"状态的管控？如果某张订单部分付款，是否允许其发货？随着不断学习和经验的积累，我们还可以根据信用管理模块的框架，对客户类别、信用政策、应收款管理等方面进行全面测试和分析。因为从产品架构角度来看，这个功能无疑是在满足"客户信用管理"方面的需求。

如果竞品用较少功能覆盖了较多、较复杂的场景，且产品架构设计得较为合理，就说明竞品的标准化能力很强。反之，则说明竞品还处于初级阶段，还无法用标准化产品满足大型企业的需求。

### 2）感受层

感受层主要包括三个方面：

- 竞品是否高可用，即员工能否不经过培训就上手使用。经历过传统软件实施的人，应该都对"上线培训"印象深刻。为了让一线员工学会系统操作，企业不得不组织大规模的集中培训，并且考试合格才允许上岗。而今天，大部分 SaaS 产品都能够做到简单培训甚至免培训。

- 竞品操作是否高效，包括产品使用体验是否流畅、操作步骤是否烦琐、高频操作的效率是否低下等。

- 竞品视觉是否美观，包括图标是否统一、字体是否清晰等。

对于大部分 B 端产品来说，感受层的重要性没有战略层高，但是也能够给企业和员工带来实实在在的价值。分析竞品感受层时，有两点注意事项：

首先，竞品的感受层设计是否优秀需要结合具体的用户和场景。比如，管理层用户的首页，显示管理统计报表可能比较合适；而执行层用户的首页，显示他们的高频操作菜单可能更为合适。

另外，竞品感受层的分析也要重视细节。曾经有一款 SaaS 产品，在商品维护页面上设计了一个字段：单位成本。这个字段的值会用于毛利的计算，即"单位毛利＝销售单价－单位成本"。但是，对于部分商贸公司用户来说，成本是分为"含税成本"和"不含税成本"的。用户在维护商品时，录入的是"含税成本"，即采购单价；而在计算毛利时，使用的是"不含税成本"，即"采购单价－进项税"。结果，由于两边口径的不一致，SaaS 系统出具的毛利报表，无论如何都与手工报表核对不上。

在做竞品分析时，我们需要重视这样的细节。一方面，可以判断竞品在感受层设计方面的重视度和能力；另一方面，也可以吸取好的经验，改进我们自己的产品设计。

## 3.2 第二个技能：业务调研

SaaS 产品的本质是满足业务需求，而只有高质量地完成业务调研，才能梳理清楚业务需求，进而设计出优秀的 SaaS 产品，本节就来介绍业务调研的一般方法和注意事项。关于业务调研和需求梳理的项目案例，请参见 4.2 节。

### 3.2.1 业务调研要点

业务调研主要有三个要点，分别是全面、清晰和重点突出。

- 全面：即不能遗漏重要信息。比如客户的组织架构和岗位职责，可以帮助我们明确业务和用户范围，也可以帮助我们理清客户内部的协作关系。

- 清晰：即调研思路要清晰。比如我们可以遵循"组织架构→经营策略→整体流程→详细流程"的思路进行调研，这样一方面可以确保我们深入理解业务，另一方面也让整个调研结果易读易懂。

- 重点突出：即清楚需要重点关注的事项，这样才能搞清楚产品成败的关键因素。比如管理报表就需要重点关注，以确保管理层的诉求得到满足。当然，考虑到快速迭代的需要，我们可以对需求分级，MVP 阶段（最简化可行产品阶段）先满足最核心的需求，后续迭代再满足其他需求，也就是整体规划、分步实施。

结合以上要点，一般情况下，一份完整的 B 端业务调研主要包括以下部分：

- 组织架构和岗位

- 业务概况

- 业务详细说明

- 管理报表

- 现有系统

- 用户期望

当然，可以结合实际情况对内容做适当删减。比如，调研小微企业时，对"现有系统"可能就不用过多关注。下面详细阐述对这些部分进行调研时，需要重点关注的内容和注意事项，并以某外贸公司（称为 ×× 外贸公司）的业务调研为例来讲解。

## 3.2.2 如何进行业务调研

### 1）组织架构和岗位

如果把企业比喻成一个人，组织架构就相当于人的骨骼，业务流程和管理软件就相当于人的血肉和神经系统。搞清楚企业的组织架构和部门职责，才能更好地了解业务全貌，不疏漏重要的部门和流程；搞清楚岗位设置及其职责，才可以理解用户的分工，以及他们之间的协作和监督关系。这会帮助我们找到关键用户和关键环节，从而提升产品设计的效率。

要给××外贸公司设计一套订单管理系统，就可以首先梳理该公司的组织架构和岗位。其中，组织架构应该用图来表示，以便明确组织之间的隶属关系，如下图所示：

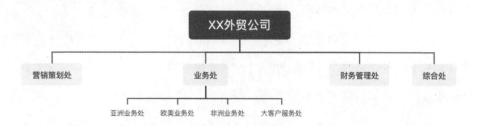

针对组织架构图中的组织，凡是与项目或产品有关系的，都应该用文字描述其组织职责。对于组织中的重点岗位，凡是与项目或产品有关系的，也应该用文字描述其岗位职责。以其中的"业务处"为例：

业务处职责：负责A产品外贸销售业务，具体包括订单管理、货款管理、开票，以及协调外商和生产基地的订单、货款等事宜，配合"营销策划处"进行市场管理等，具体职责如下（节选示例）。

- 负责辖区内外贸公司既定市场策略的执行和反馈。

- 负责培育、开发国际市场，建立有效的国外营销、维修服务网络。

- 负责市场开拓、新品推广、销售计划和客户关系维护，确保完成既定的销售目标。

- 负责订单获取、合同履约等外贸销售日常工作。

"业务处"的"出口业务专员"岗位职责如下（节选示例）：

- 在接到客户订货文件，并确认客户资信后，整理翻译客户订货文件；确认价格条件、支付方式和各种附带的费用；确认交货时间、方式和地点；明确产品工艺技术要求和质量保证条款；详细填写国外销售合同评审表，交给合同管理员（合同评审）。

- 收到客户的汇款凭证后开出销货通知单，将统计联和发货联分别交给统计人员和仓储人员（涉及搬运、贮存、包装、防护和交付）。

- 根据合同提供全套准确单据，包括商业发票、装箱单和其他要求的单据。

通过以上梳理，也可以进一步明确，"业务处"和"出口业务专员"是本次项目的关键部门和重点岗位。

一般来说，大企业都有详细的组织架构和岗位职责文件，可以直接向客户索取。对于小企业来说，组织架构和岗位职责相对简单，可以集中向客户询问，然后在流程梳理的过程中不断补充和完善。

2）业务概况

不管是业务流程还是管理软件，都是为企业经营服务的。在调研详细业务之前，需要从整体上了解企业的经营模式和业务流程，也就是进行业务概况调研，这样才能搞清楚产品给客户带来的核心价值。业务概况调研不但有利于本次产品的交付，更有利于未来将产品销售给更多客户。

进行业务概况调研时，首先需要从整体上理解客户的商业模式和经营策略，因为这决定了客户的工作重心。比如在设计一个销售管理系统时，如果客户是制造型企业，那么销售部门的工作重点往往是做好渠道铺货工作，维持分销价格秩序，并与生产部门协调好产品交付时间与质量；如果客户是经销型企业，那么引进有竞争力的商品，找到有意向购买的客户，并通过供应链管理做到"不积压、不缺货"，才是其经营的核心。

如果我们设计的是一套 SaaS 产品，除了梳理客户的经营策略，还必须梳理整个行业的经营策略。这一方面可以加深我们对行业的理解，确保标准化产品的普适性；另一方面也可以从整体上规划好产品的扩展方向，从而在未来有步骤地满足更多新客户的需求，以及现有客户的更多需求。

比如，在 ×× 外贸公司所处行业，根据货物来源的不同，有三种供应链管理模式：

- 向内部工厂采购商品

- 向国内供应商采购商品

- 向国外供应商采购商品

而这三种模式的管理重点是不同的。比如，对于内部采购（第一种），需要与生产系统打通，强调与制造部门的协同；而对于外部采购（后两种），则需要进行端到端的采购管理（按单采购）。

除了梳理商业模式和经营策略，还需要绘制整体流程图，从而便于我们"鸟瞰"整个企业及部门的业务，并方便开展下一阶段的工作。

比如，××外贸公司整体流程如下图所示：

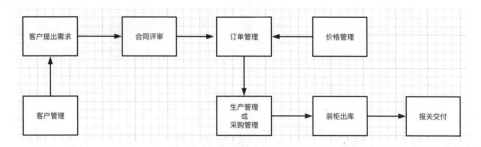

接下来就可以针对上面的每一个步骤，展开更为详细的调研。

3）业务详细说明

在了解客户业务概况以后，就需要基于整体流程图，按各个流程步骤分别进行调研，并撰写业务详细说明。业务详细说明一般分为三个部分：

- 业务规则重点说明：有些规则往往无法通过整体流程图很好地表述，比如，商品的定价规则、客户信用管控政策等，需要在业务详细说明部分进行详细阐述。

- 详细流程图：围绕"什么岗位，执行什么任务"两个维度，详细流程图可以直观显示业务处理过程，避免出现梳理错漏。在绘制详细流程图时，有几点注意事项：

  ➢ 需要注意逆向流程或步骤，比如有销售发货流程，就有退货流程；

有审批通过步骤，就有审批不通过的步骤。

> 要把相关打印单据标记出来。在设计功能时，要么取消单据（一般通过移动端替代纸质单据），要么额外设计打印功能。

> 针对详细流程图的每一个步骤写说明，有些详细的业务规则也需要在步骤说明里明确。比如销售部门提交订单后，财务部门必须在多长时间内完成审核。

> 由于调研阶段的详细流程图主要是产品经理自己查看，以及和客户确认需求用，因此不需要因为格式等细节问题耗费太多时间，重点还是做到全面清晰，并且能够和客户达成一致。

● 客户的业务重难点：在梳理业务时，会发现客户在业务处理上的很多重难点。比如，外贸公司很注重风险管控，在采购、发货等环节，都会严格根据客户的付款情况进行审核。如收到约定比例的预付款后，才会安排采购或工厂生产。

这些业务上的重难点，需要在专门的位置详细记录，并在产品设计时重点关注，因为客户采购系统的核心目的，往往就是解决这些重难点问题。

××外贸公司价格管理详细说明如下：

● 业务规则重点说明：外贸公司财务处以工厂财务结算价为基础，加销售费用、工资及工资性附加等形成外贸公司财务底价；业务处基于财务底价，根据区域市场实际价格情况，确定产品销售价及产品商务政策。

● 详细流程图如下：

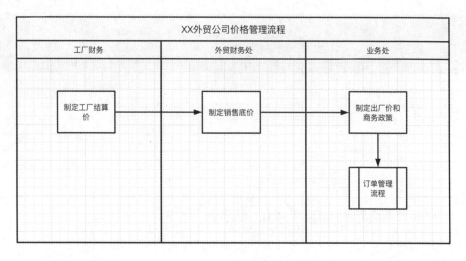

- 流程说明：略。

- 客户的业务重难点：部分商品支持客户自选配件（如L-001型号摩托车），但由于缺乏系统支持，业务人员无法快速得到选配后的价格，极大降低了响应客户的速度。

4）管理报表

管理层对B端产品的评价往往会决定企业是否续费。而越是高层管理人员，越重视管理报表。因此，毫不夸张地说，管理报表是B端产品最重要的功能之一。虽然从业务角度来说，有了业务流程才能产生管理报表，但是从产品设计角度来说，业务流程和管理报表需要同步梳理。否则，如果在后期才发现流程页面的字段或逻辑无法满足管理报表需求，产品设计就可能需要返工。

另外，梳理管理报表时要重视细节，对于每一个字段和每一个逻辑都要梳理清楚。否则，一旦出现错漏，就可能对业务造成决策上的影响。

××外贸公司管理报表梳理示例：

- 出口统计汇总表：按金额统计销售情况，具体又分为日报、月报、季报和年报，年报样表如下页表所示。

| 出口统计汇报表（年） | | | | | | |
|---|---|---|---|---|---|---|
| 销售年份：2021 年 | | | | 销售区域：亚洲 | | |
| 商品类型 | 商品编码 | 商品名称 | 销售数量 | 销售单位 | 销售单价 | 销售金额 |
| | | | | | | |
| | | | | | | |
| | | | | | | |
| | | | | | | |
| | | | | | | |
| | | | | | | |
| | | | | | | |

- 分商品类型出口统计汇总表：说明和样表略。

- 分销售区域出口统计汇总表：说明和样表略。

- 分客户出口统计汇总表：说明和样表略。

通过管理报表调研可以明确：在"商品信息"页面上，需要增加"商品类型"字段；在"客户信息"页面上，需要增加"销售区域"字段。

5）现有系统

客户的现有系统可以分为两类：

- 需要被替代的系统：调研重点是了解其优缺点，以及被替代的原因。对于已经使用过类似系统的客户，其员工往往会参照原系统对新系统进行评价，在这种情况下，"知己知彼"就非常重要。

- 需要被集成的系统：调研重点是了解其处理的业务，以及系统管理方的情况。因为在方案制订阶段，我们需要和系统管理方协作，制订针对性的系统集成方案。

××外贸公司现有系统情况示例：

- 某外贸业务管理系统：属于需要被替代的系统。优点是基本能够支撑总部业务运转，但不能支撑装箱管理等业务。同时缺乏手机端功能，不方便业务员随时查看商品图片、价格等信息以及提交订单，也不方便管理层随时审批和查看管理报表。

- 某财务管理系统：属于需要被集成的系统。主要是财务部门使用，但需要对接订单管理系统。目前是第三方IT服务供应商在负责运维。

通过对现有系统调研，明确装箱管理功能属于重点功能。同时，手机端体验很大程度上决定了用户满意度，需要重点关注。另外，还需要及时和第三方IT服务供应商对接，讨论后期系统对接方案。

6）用户期望

B端产品的用户往往分为执行层、管理层和决策层。对于同一个业务，这三类用户的需求往往是有差异的，因此需要分别调研他们对系统的期望。

- 执行层：往往关注业务处理的效率。比如，需要手工制作的单据增加了他们的工作量，他们希望通过系统自动生成。

- 管理层：相对于执行层，管理层更关注管理效率提升和业绩结果达成。比如，对于不符合价格政策的订单，系统能够自动判断并拒绝业务员提交。

- 决策层：更关注数据的实时查看和分析。比如，随时查看销售收入和毛利达成情况，从而判断经营状况，并决策是否应该马上采取改进措施。

××外贸公司用户期望情况示例：

- 执行层：希望支持客户远程查看商品的零部件构成（BOM表），并能够自行选购下单。

- 管理层：希望海外子公司也能够使用同一套系统管理进销存，从而方便总部实时了解各子公司实际出货及库存情况，便于管理决策。同时也能够及时收集终端客户资料。

- 决策层：希望能够在移动端实时查看收入和毛利数据，并且能够按商品分类、销售区域等维度下钻分析。

通过用户期望调研，明确移动端的收入和毛利分析报表，是本次产品的关键功能。同时，产品需要支持多组织架构（集团管理），从而支撑集团公司对海外子公司的管理。客户远程自助下单的功能，开发工作量较大，但目前只应用于维修件销售业务，给企业带来的价值相对有限，可以在后期迭代计划中综合考虑。

# 3.3　第三个技能：方案编写

在实际工作中，业务调研之后，就需要设计出相应的 SaaS 产品方案，以满足客户需求，优化现有业务。方案编写就是把产品方案写出来的过程。方案编写很重要，一方面，它是 SaaS 公司内部沟通的重要文件；另一方面，也是和客户沟通的重要工具。实际上，对于针对大客户的产品，为了确保方案的质量，可能会希望客户对方案进行正式确认。

## 3.3.1　方案编写要点

相较于传统 B 端软件和内部 B 端产品，SaaS 产品对标准化和可用性的要求更高，因此投入的研发资源也更多；另外，一旦上线了不合格的功能，且被少数客户使用，后期要下线或者大改就需要付出很大的代价。因此，SaaS 产品的设计更要严格遵循"MVP 上线，快速迭代"的原则，编写 SaaS 产品方案则需要遵循以下原则。

1）聚焦重点

特别是从 0 到 1 设计和实施的 SaaS 产品，方案必须聚焦重点，以最小化成本验证产品 / 功能的价值，也避免过早将功能摊子铺得太大。

聚焦重点的本质是"定位"，即面向哪一类客户，解决哪一个痛点。定位良好的产品，就像一把锥子，能够迅速切入市场，并且取得稳固的市场地位。聚焦重点也是敬畏市场的表现。在互联网浪潮下，不管是创业公司，还是客户自己，往往都在一边探索一边调整。快速推出 MVP 版本，再根据用户反馈迅速迭代，是实现产品创新的最佳实践。

2）保持究竟精神

关于要不要听用户的，海底捞创始人张勇有一段经典的阐述："消费者说海底捞不好吃，其实可能是嫌价格贵。我老婆说我回家晚，可能是我对她关心不够。如果我信我老婆的话，每天都在家待着，我相信我老婆会更讨厌我。"在编写产品方案时，我们不能轻易接受用户直接提出的需求，而是必须洞察用户，找到需求背后的真相。而这种洞察能力，很大程度上依赖于我们的究竟精神，可以参考 2.2 节。

值得一提的是，B 端产品经理的工作非常依赖冷静思考。如果外界给产品经理施加了过大压力，就可能导致产品经理"动作变形"，从而做出错误决策。作为产品经理，我们要警惕过大的外部压力，时刻提醒自己：没有慎重思考过的产品，不值得浪费宝贵的研发资源。

3）长远规划

如果我们设计的是 SaaS 产品，则必须注重长远规划。从 0 到 1 设计和实施的 SaaS 产品，客群规模有一个从小到大的增长过程。当客户和功能数量都较少时，如果缺乏规划，产品就很容易野蛮生长。

比如，买赠是消费品行业常用的促销手段。在某些情况下，赠品需要关联到主品，比如买 5 瓶大可乐送 1 瓶小可乐。产品经理为了设计和操作方便，可能选择直接在订单行上新增两个字段，体现赠品名称和数量。这样的设计在面对简单需求时，可能不会出现问题，但一旦遇到比较复杂的需求，就会出现问题，比如：

- 需要管理赠品发货。

- 一种售卖品搭配多种赠品（如买 2 瓶大可乐送 1 瓶小可乐和 1 个杯子）。

- 需要和 ERP 系统集成。

正确的做法是，主品和赠品都放在独立的订单行，拥有相同的字段，并且通过"赠品"字段来标识该订单行是否是赠品（打钩即为赠品）。

因此，作为 SaaS 产品经理，不能够只盯着眼前的需求，而要放眼长远，做更全面的考虑。

## 3.3.2　方案结构

如果只是针对部分功能的迭代，产品方案要求相对简单。重点说清楚三点即可：①解决什么问题；②解决问题的方案；③页面设计和逻辑。但如果要从 0 到 1 设计一款 SaaS 产品，则必须从更高、更全面的视角进行方案梳理。我建议的产品方案结构如下：

- 整体方案：需要对产品价值、整体方案和总体架构进行说明。一方面便于给公司和客户高层进行汇报；另一方面也便于产品经理们了解彼此的工作，提高沟通与协作效率。

- 详细方案：需要对每个模块的需求进行分析，重点论证是否是伪需求，并明确成功指标；然后通过文字说明和流程图对解决方案进行阐述；最后是页面设计和相关逻辑说明。除此之外，还需要包含以下内容。

  - ➢ 管理报表方案：反映管理者的需求，需要和业务功能一并设计。

  - ➢ 系统集成：对于针对大企业的 SaaS 产品，往往会涉及系统集成（系统间流程的打通），也需要尽早规划和设计。

  - ➢ 用户期望满足情况：决定了用户对产品的满意度，需要在方案中明确阐述。如果有部分合理诉求无法在本阶段满足，也需要说明清楚，并明确纳入长期规划。

## 3.3.3　整体方案编写

整体方案是整个产品方案中最精华的部分。一般来说，通过整体方案，高层和客户能够评估一个产品的价值，并决策是否研发。整体方案又分为以下四个部分：

- 方案概要说明。

- 整体方案流程图。

- 系统架构图。

- 多组织架构设计。

接下来逐个进行阐述。

## 1. 方案概要说明

方案概要说明主要说明产品定位以及功能范围。

*1）产品定位*

定位决定成败。大部分产品失败的原因，都是没有回答好以下三个问题：

- 客户是谁？

- 解决的痛点是什么？

- 客户为什么选择我们？

比如，某位创业者希望做一款组织管理工具，但具体解决客户什么痛点，以及和钉钉、飞书这些成熟产品有什么区别，都不能清晰表述。这样的产品大概率会失败。

在这个部分，我建议产品经理可以畅想一下：如果客户写来一封感谢信，诉说使用产品后给他们带来的改变，那么这封信的内容应该是怎样的呢？

*比如，对于一款针对养生服务连锁门店的 SaaS 软件，产品定位如下：*

- 客户是谁？会员制的养生服务连锁门店，根据 XX 咨询报告，2020 年全国约有 700 万家养生服务连锁门店。

- 解决的痛点是什么？解决的痛点主要有两个，一是门店获客率低，二是门店运营管理效率低。

- 为什么选择我们？我们的产品是针对养生服务连锁门店的 SCRM，能够针对性地解决他们的痛点。更重要的是，我们的核心团队有丰富的养生服务连锁门店运营经验，在门店数字化运营方面也有成功经验。

客户感谢信示例如下：

你好小李，

自从使用你们的产品后，我们的获客成本大大降低，特别是省去了 1000 元 / 客的地推成本。同时，潜客进店成交率提升了 20%，这得益于互联网裂变带来的更高质量的线索。

另外，使用了你们的产品后，由于运营数据都自动生成，门店行政人员的工作量大大减少。更重要的是，由于可以在手机端实时查看运营数据，公司的决策效率大大提升。以前月初才能分析上月运营情况，现在每天都可以开运营分析会议。感谢你们设计出这么优秀的产品！

畅想这样的感谢信有助于我们明确自己的产品定位。

### 2）产品功能范围

在明确用户痛点和产品价值后，我们还需要明确产品功能范围。首先需要明确 MVP 版本的功能模块。MVP 其实包含了两个要点，一是"最小化"，即只做最核心的功能；二是"可行"，即用户能够使用起来，并且满足他们最核心的需求。

曾经有创业者问我，如何判断一个产品已经完成 MVP 阶段？我个人认为最客观的验证指标就是"典型客户"愿意续约。之所以用"续约"而不是用"购买"，是因为担心客户购买以后，发现产品并不能很好地解决业务问题（这种情况常见于销售能力远大于产品能力的创业公司）。

明确产品功能范围时有以下注意事项：

- 考虑到在某些情况下难以完全避免定制化，需要明确区分标准化功能和定制化功能。对于确实无法避免的定制化功能，建议与标准化功能区隔开，以免影响标准化功能后续迭代。比如，客户希望在订单上增加一个特殊逻辑，根据自定义公式自动生成商品价格。如果我们还没有计划对其进行标准化，就可以为这个公式设计单独页面，加上单独的配置选型，并且默认商品价格计算不使用该公式。

- 除了MVP版本的功能，还可以规划后续版本的功能。长远考虑有利于提前设计好产品架构，降低后续迭代的成本。比如，如果未来计划建设财务模块，或者对接成熟的财务系统，那么就可以提前考虑"关账"的概念：对于财务核算来说，本月是不允许"随意调整"上月出库订单等业务数据的，否则会影响已经出具的上月财务报表。因此，我们可以提前考虑修改历史订单的处理逻辑。

- 不能为了"不确定还很大"的产品规划，把当前版本设计得过于复杂，这样会给开发、测试等部门造成不必要的负担。如何权衡就比较考验产品经理的系统架构能力和业务洞察力了。

## 2. 整体方案流程图

SaaS产品往往需要支持多部门，协同多角色，因此对于业务链条较长的产品，需要绘制整体方案流程图，以便从整体上鸟瞰整个产品的业务流程，避免错漏。与业务调研时绘制的整体流程图一样，整体方案流程图需要覆盖所有关键流程和业务类型。在颗粒度上，整体方案流程图主要描述关键步骤，不需要细化到具体功能。对于比较简单的业务流程，比如客户信息管理，可以跳过整体方案流程图，直接绘制详细方案流程图。

下页图所示为M饮料公司的整体方案流程图示例：

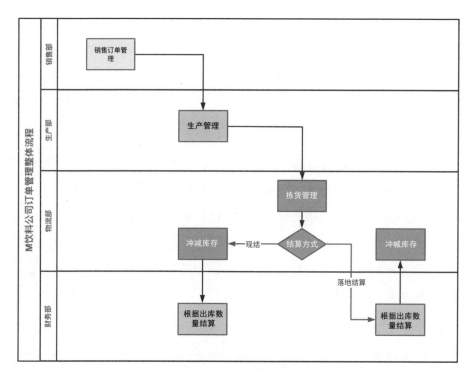

在该示例中，现结和落地结算是 M 饮料公司的两种关键业务类型。对于现结业务，出库即可确认商品所有权转移，因此根据实物出库数量冲减系统库存数量，并且生成财务结算单据即可。对于落地结算业务，出库只是实物转移到客户现场，到月底时，需要根据客户实际使用数量生成财务结算单据，并冲减系统库存数量。上述流程图正是描述了两种关键业务的整体流程。

## 3. 系统架构图

对于比较复杂的系统，我们还需要绘制系统架构图。特别是 SaaS 产品，合理的系统架构可以有效减少功能冗余，避免数据混乱和降低系统扩展难度。而一旦在不合理的系统架构上搭建起页面，特别是在拥有一定数量的企业客户后，修改的成本就会很高。相对来说，自研产品的纠错成本就低得多。毕竟只有一家企业在用，只要和业务部门协商好，推翻重建也是可行的。

系统架构设计的重点要做到低耦合、高复用。

1）低耦合

所谓低耦合，是将功能按照业务相关性分为多个应用，应用之间通过API进行交互。这样，单个应用升级时，只需要调整API接口，不影响其他应用，从而提高了系统迭代的灵活性。比如，销售订单管理、仓库管理和CRM就可以独立为多个应用，并且在必要的时候分配给不同的产品经理负责。

当然，对于同一类应用，有时候还需要进一步拆分。比如，针对大客户的销售订单管理和针对小客户的销售订单管理，由于需求差异较大，为了避免彼此影响进而增加系统复杂度，可以考虑划分为两个独立应用。毕竟，相对于研发成本，业务匹配程度和用户体验更为重要。

2）高复用

所谓高复用，即将各个模块所共用的功能抽离出来，单独形成一个系统应用。这样，一方面确保了信息来源的一致性，另一方面也简化了系统架构，避免了重复开发。比如，客户信息在销售订单管理、CRM、TMS（运输管理）等系统应用中都会用到，可以考虑合并成一个应用。

系统架构设计虽然没有标准答案，但实际上不管是传统的Oracle ERP系统，还是新兴的各大电商、SaaS系统，都有非常成熟的架构设计。多研究竞品，再结合实际情况进行适当调整，是系统架构设计的好方法。

下面是M饮料公司的系统架构图示例：

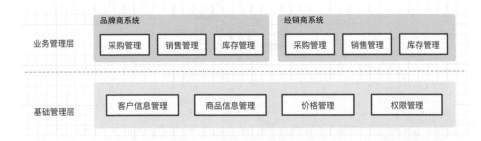

在该示例中，"品牌商系统"主要面向年销售额50亿元以上的品牌商，"经销商系统"主要面向年销售额在2千万元到1亿元之间的经销商。考虑到前端

业务需求差异较大且相互排斥，同时用户对产品体验和效率要求较高，为降低系统复杂度，"业务管理层"采取了先按企业类型划分大版本、再按业务类型划分功能模块的系统架构策略。

而对于"客户信息管理""商品信息管理"等"基础管理层"模块，考虑到业务需求差异较小且相互包容，同时也不是高频操作，为了增加可复用性，采取了共用一套模块的系统架构策略。

### 4. 多组织架构设计

企业业务的开展是基于多个部门的相互协同和相互监督的。当用户在使用B端系统时，流程流转、数据安全性都必须符合企业协同与管控的要求。这就需要我们设计好组织、角色和权限功能，也就是多组织架构设计。而对于存在多事业部或分公司的大企业，就可能需要设计多组织架构，示例如下。

某电器公司为扩大销售规模，分别在A市和B市建立了分公司，各负责一个大区的销售工作。为便于管理和激励分公司团队，总公司决定两个分公司独立核算利润，并根据实现的利润进行分红。

为支持两个分公司的独立核算，并防止数据泄露，总公司IT团队决定分别给两个分公司建立一个"利润中心"组织。如下图所示，在"利润中心"组织下面建立了相应的"角色"，并分配了销售订单、发货等功能。最后，将相应的"角色"分别分配给了两个分公司的员工。

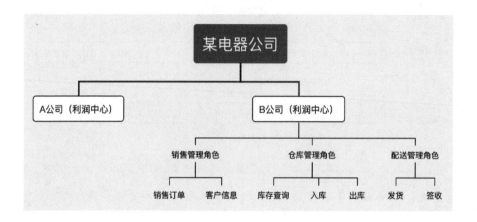

按照该多组织架构设计，B公司员工所操作的业务数据，都会标记到B公司（利润中心）；且这些数据只能由B公司员工查看。当总公司某位员工也需要操作或查看B公司数据时，只需要给他分配具有B公司（利润中心）权限的"角色"即可。

## 3.3.4　详细方案编写

详细方案需要对重要需求的合理性进行分析，然后通过文字和流程图对解决方案进行阐述，最后再通过原型对产品页面和逻辑进行说明。对于大的SaaS产品，详细方案可能需要分解，并由多个产品经理来完成。一个完整的详细方案包括以下内容：

- 需求合理性分析。

- 明确成功指标。

- 方案要点说明。

- 详细方案流程图。

- 原型图。

接下来逐个阐述。

### 1.需求合理性分析

虽然在业务调研部分，我们已经对详细需求进行过分析，但是考虑到合理的需求是成功产品的基石，也考虑到需要给开发、测试等部门承诺需求的可靠性，因此，我们可以在详细方案中对需求的合理性再次进行分析，并明确三点：

（1）是否是伪需求。对于伪需求，需要我们秉持"究竟精神"，多问几个为什么。另外，有一些需求可能是真需求，但价值很低，则需要综合考量以评估优先级。比如，客户可能希望在发货时，给订单对应的销售人员发送一条短信，告知订单已发货。你可以告知客户一条短信需要支付8分钱，如果客户明确表示不愿意支付，那么这样的需求就属于低价值需求。

（2）是否纳入当前版本。对于从 0 到 1 设计的项目，需要纳入当前版本的需求主要是指：如果不满足这个需求，客户就无法走完整个流程，或者体验和效率存在明显缺陷。对于没有纳入当前版本的重要需求，我们可以记录下来，以便从整体上对架构进行设计。比如，如果我们计划将产品扩展到财务核算模块，或者与专业财务系统打通，就可以提前考虑与专业财务系统的对接需求，我们的产品架构和技术架构设计也可以提前进行准备。

（3）是否是个性化需求。如果面对的是大企业，客户难免会提出一些个性化需求。我们必须承认，所谓个性化需求往往是"我们的产品能力不足"造成的。毕竟每个企业都要面对不同的内外部环境，因此大部分个性化需求都具备一定的合理性，而往往是我们的标准化产品无法适应这样复杂多变的需求。

对于个性化需求，短期来说，需要做好低耦合的设计，即将个性化的功能做成可配置的，这样就不会影响其他客户的使用。长期来说，我们需要完善产品的 PaaS 能力。只有能满足大多数"个性化需求"的 SaaS 产品，才能低成本、高效率地满足大客户的需求。比如，对于个性化报表需求，短期来说，我们可以做成单独的功能，和其他标准化功能隔离开；长期来说，我们可以研发 BI 报表平台，通过配置来满足客户需求。

## 2. 明确成功指标

所有的 SaaS 产品都有成功指标。成功指标不但可以衡量工作成果，更重要的是，通过明确和拆分成功指标，我们可以找到让产品变得更好的方法。比如，对于"供应商自主上传商品"的功能，如果目标是减轻运营负担和增加商品上架速度，那么"上传商品数""商品上传成功率"都应该是重要的成功指标。如果商品上传成功率偏低，或者商品数据质量不高，我们就必须分析原因并找到改善方法。比如，如果上传的条码数据错误率很高，我们就可以在上传流程中接入第三方服务对条码进行验证。

成功指标就像指南针，如果方向错了，就很难到达目的地。因此，找到正确的成功指标非常重要。比如，如果把"活跃用户数"设定为成功指标，我们必须认识到，有时候"活跃"并不能反映真实的用户黏性，比如，如果用户使用的只是"打卡""日报"这类相对浅显、很容易替换的功能，那么用户的活跃可能并不是高质量的。只有用户通过 SaaS 产品来管理核心业务，比如销售订单、发货单等，这样的活跃才是高质量的。因此，我们可以考虑使用"核心功能使用率"或"核心单据数量"等作为成功指标。

### 3. 方案要点说明

对于 SaaS 产品而言，真正打动客户的，往往是为数不多的几个功能特性。因此，在方案要点部分，我们需要对这些功能特性进行说明，以便大家明确产品重点，确保关键功能的研发质量。

比如，在快消品行业中，及时了解各品牌的铺货数据，对于了解行业竞争动态，以及我方铺货质量非常重要。比如在便利店冰柜中（如下图所示），最外面一排一共有 42 个位置，如果百事可乐的产品占据了 21 个位置，那么它的排面占有率就达到了 50%。如果不考虑其他因素，我们可以粗略认为客户有 50% 的概率会购买百事可乐的产品。在以前，一个冰柜被哪些品牌占据，以及这些品牌分别占据了多少位置，需要由业务员在门店拜访时人工识别并手工录入，工作量非常大。而 SFA（销售自动化）产品则提供了图像识别功能，通过拍照就可以识别品牌和排面占有率，从而大大减轻了业务员工作量。

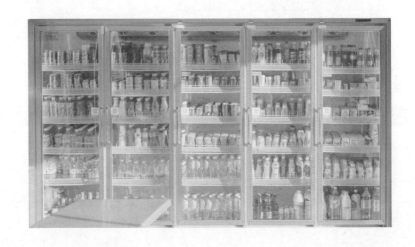

毫无疑问，图像识别功能将是门店拜访流程中的关键功能，需要我们在详细方案中重点说明，并将"识别成功率"作为关键指标。研发和测试人员也需要对图像识别功能重点关注，并确保满足指标要求。

## 4.详细方案流程图

如果是从 0 到 1 设计的产品，详细方案流程图一般是必要的。但如果是后续的普通迭代，详细方案流程图则可以省略。好的详细方案流程图，应该从角色和行为两个维度，清晰、完整地对整个业务流程进行阐述。这样不管是开发人员，还是测试人员，都能够快速对所负责的功能流程有一个清晰完整的认识。

下图所示为 M 饮料公司库存盘点详细方案流程图的示例：

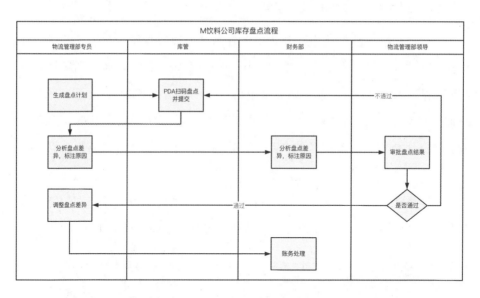

为了方便其他同事理解，也便于后续回看，我们还需要为流程图加上流程步骤说明，如下表所示：

| 序号 | 任务 | 说明 |
|---|---|---|
| 1 | 生成盘点计划 | 物流管理部专员在 PC 端选择仓库，并生成盘点计划 |
| 2 | PDA 扫码盘点并提交 | 库管在 PDA 手持终端查看盘点计划，根据盘点计划，扫码录入盘点结果，并提交 |
| 3 | 后续任务略 | 后续任务说明略 |

### 5.原型图

原型图是产品详细方案的主体部分，也是直接决定产品研发质量的部分。因此我个人认为，对于 B 端产品，原型图的页面设计和注释应尽可能详细，原因有如下几点：

- 便于梳理思路：B 端产品非常强调流程和交互的逻辑性，一旦考虑不周，小则影响用户体验，大则影响正常业务，甚至导致用户投诉。而做原型图的过程，其实就是梳理思路的过程。当把每一个新的交互都画出来，并且描述清楚相关逻辑时，总是能自己发现一些疏漏。

- 便于与开发和测试同事协作：清晰而详细的原型图，可以帮助开发和测试同事独立完成自己的工作，因为他们总是能在原型图上找到答案。这样一方面能提升大家的工作效率，另一方面也在最大程度上规避了因沟通不畅导致的 bug。

- 便于与其他产品经理协作：随着产品越来越大，我们难免需要把部分工作交接给其他同事，或者有新同事入职，你需要给他介绍当前的产品逻辑。如果你有一个详细的原型图，就可以减少很多不必要的沟通。另外，我画原型图的时候，喜欢把历史版本都归集在一个原型文档中，这样非常便于追溯。当然，前提是做好版本更新记录，如下表所示：

| 版本 | 更新内容 | 涉及报表 |
|------|---------|---------|
| V5.2.1 | （1）销售收入的计算依据从"销售订单金额"改为"发货单金额"。<br>（2）按发货确认收入，需要做的改动是，当订单部分发货时，需要在发货单上记录明细行对应的"优惠后金额"，用于计算销售收入和应收金额 | （1）销售报表 - 商品维度。<br>（2）销售报表 - 客户维度。<br>（3）员工业绩报表。<br>（4）销售月 / 年度报表 |

## 3.4 第四个技能：产品规划

### 3.4.1 正确的规划方法

我见过很多规划方案是这样的：首先阐述公司或部门的目标，再阐述通过什么样的项目计划来实现目标。比如，今年的目标是开拓大客户市场，计划是 6 月发布新产品，8 月第 1 个大客户上线，12 月完成 10 个大客户的销售。但是，我们如何确保 6 月的新产品能够销售出去？又如何确保 12 月能完成 10 个大客户的销售呢？没有人知道在完成计划的过程中会遇到什么问题，又该如何去解决，仿佛"目标"与"计划"之间存在很深的鸿沟，这导致这些规划方案很难落地。

正确的规划方法，应该一开始就考虑到计划落地的方案，我们称之为"策略"。策略可以填平"目标"和"计划"之间的鸿沟，让我们一开始就考虑可能会遇到的障碍、如何克服障碍，从而顺利达成战略目标。

然而，"策略"又是从哪里来呢？如果我们的"目标"非常保守，那么只需要借鉴以往的经验，避免重复犯错，就可以达成目标。如果我们的"目标"比较激进，"避免重复犯错"就不足以支撑目标达成。此时，我们需要找到"新的机会"，以新机会为目标，寻找实现目标的"策略"。比如，拼多多就寻找到了"下沉市场"的新机会，而核心策略则是高性价比商品交易，以及基于微信的裂变式营销。

因此，一个可以落地的产品规划应该至少包含：机会分析、目标、策略、执行计划四个部分，另外，考虑到我们总是先复盘再做规划等实际情况，完整的产品规划可以包含以下五个部分：

- 复盘。

- 机会分析。

- 目标。

- 策略。

- 计划与资源。

接下来结合无锡华粹堂公司（我在该公司担任战略顾问）软件事业部2021年产品规划的案例（具体数字做了脱敏处理），逐个进行阐述。

## 3.4.2 复盘：避免重复犯错

如果是年度规划，我们首先需要对去年进行复盘。复盘可以帮助我们避免犯重复的错误，同时，去年未完成的目标，也可以纳入今年规划。当然，过去的已经无可挽回，我们应该更关注未来的计划，因此不用在复盘上花费太多笔墨，简单总结即可。

对于华粹堂公司软件事业部，2020年复盘如下。

1）营销在线

2019年华粹堂公司的营销活动偏向于地推，不仅线索质量低下，给员工造成的负担也很大。因此，在2020年的规划中，营销活动将重点尝试线上转介绍：计划将客户App迁移到微信小程序，再基于微信开发裂变小程序。目标是新客成交数量和金额均增长20%。

- 目标达成情况：经过复盘，2020年几乎所有的营销活动都在线上进行。从结果来看，新客成交数量增长35%，获客成本降低850元/客，新客成交金额增长45%且贡献了公司接近1/3的收入。

- 不足：线上营销的玩法过于单一。由于客单价较高（平均年消费额达2万元），又属于非刚需的健康类服务，因此营销方法上主要聚焦于老客户转介绍，其他玩法（比如拼团、分销、秒杀等）尝试较少。

2）客户在线

2019 年，华粹堂公司的客户服务功能都是基于 App 开发的，但是客户使用率并不高。为了鼓励客户使用，公司每年都划拨不少费用激励客户下载和使用。2020 年计划将客户 App 迁移到微信小程序，结合微信消息体系主动触达客户。目标是在取消激励费用后，仍保持 2019 年客户月活数据。

- 目标达成情况：到 2020 年年底，在取消激励费用的情况下，客户月活增长了 20%。考虑到活跃客户有 60% 大于 40 岁，33% 甚至超过 50 岁，线上操作接受度相对较低，因此这是一个还不错的结果。

- 不足：由于华粹堂公司起步于线下服务，因此线上服务场景还比较匮乏，客户月活增长空间有限。

3）管理在线

华粹堂公司的 CRM 系统从 2015 年起步，到 2019 年已经建设了 4 年，但数据准确性一直存在问题，公司运营部门仍然依赖手工报表。且不说因此增加了不少人力，决策效率也非常低。因此，公司下决心在 2020 年改善 CRM 系统的准确性，用企业微信替换钉钉，在企业微信上重新开发 CRM 系统，以提高运营和决策的效率。主要目标是 CRM 系统数据准确率达到 99.5%。

- 目标达成情况：到 2020 年，CRM 系统的数据准确率已经达到 99.97%，且 20 个核心运营指标均能够在企业微信实时查看。比如，每个门店的收款、客流、成交、消费等数据，都能够实时更新。从董事长、COO 到各大区总、店长都已经习惯每天查看企业微信报表，公司因此裁减了不少行政人力。

- 不足：虽然系统导致的数据差错基本已经绝迹，但是仍然存在人为操作错误。比较典型的就是忘记录入，或者操作错误。根本上来说，仍然是因为流程没有形成完整的线上闭环，存在误操作的可能。

总结：我们要意识到，规划是一个连续性的工作。除非公司战略大调整，否则去年工作的不足之处，将是来年工作的重点。因此，复盘是未来规划的第一步。

### 3.4.3　机会分析：规划的灵魂

机会分析其实就是梳理目标与现实存在的差距，并通过分析找到"弥补这个差距"的机会。1998年，回到苹果公司的乔布斯进行了大刀阔斧的重组，通过仅仅保留核心业务，成功避免了公司破产。但是，当有人问他"你有什么长远打算"时，乔布斯淡然一笑地回答："我在等待下一个大机遇"。也就是说，如果没有找到好的机会，乔布斯宁愿选择等待。从某种意义上来讲，机会分析是规划的灵魂。

机会分析的基础，是我们对公司的目标有深入的理解。比如，公司希望"新客收入"实现快速增长，那么我们就需要清楚"新客收入"增长的逻辑和关键因素：新客收入＝新客数×首次成交单价＋留存新客数×复购单价×复购次数，然后从中找到可以突破的机会。比如，2020年线上营销方式过于单一，那么我们还有多少种营销方式可以尝试？每种营销方式的优缺点是什么？是否匹配我们的客群和场景？是否有成功案例？预计能增加多少新客成交数？等等。

机会分析又分为内部机会分析和外部机会分析：

- 内部机会可能是当前业务的痛点，也可能是公司计划开拓的新业务。

- 外部机会则和环境变化、新技术出现有关系。

回到本章引用的案例：

- 内部机会：目前华粹堂公司主要的引流方式只有不到2%的成交转化率，但与此同时，成交率高达50%的老客户转介绍仅占整体新客成交数量的18%，这就说明在老客户转介绍方面还有巨大的潜力。

- 外部机会：以微信为核心的SCRM体系崭露头角，同行业大量企业获客能力偏低，等等。比如，去年公司已经实现50%的新客收入来源于线上免费获客（非付费流量），在减少每单850元获客成本的同时，帮助公司新客收入增加45%。公司在2个月没有收入的情况下（疫情原因），提前完成了全年业绩目标。但是业内企业普遍不知道如何有效获客，获客成本高而且效果很差。如果公司能够继续打磨自研的 SCRM 系统，将这些能力作为一种方案推广到同行业，将有机会开拓一个巨大的市场。

总结：所谓创新，就是"用新方法解决老问题"。只要分析清楚内部存在的问题和外部出现的新方法，我们就可能找到创新的机会，制定出可以落地的产品规划。

## 3.4.4　目标：定义成功

### 1. 愿景

愿景是组织的长期梦想。一个宏伟的愿景可以对团队产生激励作用，同时，统一的愿景也会帮助我们明确日常工作的重点。所以如果你的部门还没有清晰的愿景，我建议在定义年度目标之前，首先明确部门的愿景。比如，如果我们的愿景是"成为 ×× 行业数字化平台，为 ×× 行业中小企业赋能"，那么就说明我们的工作重点应该是创新和完善数字化产品，并且帮助运营团队不断取得业绩突破。只有这样，未来才可能作为数字化平台为广大企业深度赋能。

回到案例，部门愿景示例如下图所示：

## 2. 中短期目标

### 1）注重定性目标

制定愿景以后，我们还需要制定中短期目标。中期目标可以展望 3~5 年，当然，最重要的还是今年的目标。值得一提的是，"目标"和"机会分析"是相辅相成的。突破性的目标需要我们对新机会有深刻的洞察，反过来说，只有找到了好的机会，才可能制定出突破性的、可以落地的目标。

回到案例，华粹堂公司的中期目标是将自研 SCRM 产品商业化，成为大健康行业领先的 SaaS 产品。公司 2021 年的产品目标是聚焦于在线化、智能化和平台化。在线化可以分解为营销在线、客户在线、员工在线和管理在线；智能化则是基于算法，实现客户和员工服务的自动化与智能化；平台化则是内部验证商业化可行性，为推广"大健康行业数字化平台"打下基础。具体如下图所示。

你应该注意到了，在以上示例中，产品目标更多是定性描述，聚焦于"达成真正的目标"而不是"完成某些数字"。有时候，只有数字目标可能会误导我们。比如，如果只有"引导 10 个客户购买新产品"这样的目标，我们可能会想办法让 10 个关系好的客户购买新产品，这样虽然完成了数字目标，但是却忘记了当初制定这个数字目标的初衷，其实是验证新产品是否有竞争力。这种因为人情关系而带来的购买，显然具有很强的误导性。

**2）量化目标，辅助判断定性目标达成情况**

当然，有了定性的产品目标后，仍然需要进一步细化出量化目标，毕竟我们需要数字去辅助判定"定性目标"是否已经达成。为了便于跟踪和优化，我们可能还需要对量化目标进行分解。

回到案例。如果我们设立了"提升在线化获客能力，微信小程序新客成交人数达 50 000 人"的定量目标，则需要设定微信小程序的上线时间，以及每个月的新客成交数量，如下图所示。

### 目标1：提升在线化获客能力，微信小程序新客成交人数达50 000人

| 微信小程序 | 1月 | 2月 | 3月 | 4月 | 5月 | 6月 | 7月 | 8月 | 9月 | 10月 | 11月 | 12月 | 合计 |
|---|---|---|---|---|---|---|---|---|---|---|---|---|---|
| 限时拼团 | ★ | 1000 | 1000 | 1000 | 1000 | 1000 | 1000 | 1000 | 1000 | 1000 | 1000 | 1000 | 11 000 |
| 秒杀 | ★ | 1000 | 1000 | 1000 | 1000 | 1000 | 1000 | 1000 | 1000 | 1000 | 1000 | 1000 | 11 000 |
| 进店红包 | ★ | 1000 | 1000 | 1000 | 1000 | 1000 | 1000 | 1000 | 1000 | 1000 | 1000 | 1000 | 11 000 |
| 节日活动 | | ★ | 1000 | 1000 | 1000 | 1000 | 1000 | 1000 | 1000 | 1000 | 1000 | 1000 | 10 000 |
| 全民分销 | | ★ | 1000 | 1000 | 1000 | 1000 | 1000 | 1000 | 1000 | 1000 | 1000 | 1000 | 10 000 |
| 合计 | | 3000 | 5000 | 5000 | 5000 | 5000 | 5000 | 5000 | 5000 | 5000 | 5000 | 5000 | 53 000 |

说明：本图仅为示例                          ★ 上线月份

需要注意的是，并不是每个产品目标都需要直接与业务目标绑定。比如基建类的产品，更多会考核进度、性能提升等指标，管理支撑类的产品则会考核管理目标的达成情况。

在本案例中，微信小程序是直接服务于营销获客的，虽然获客的效果也取决于口碑、价格和促销方案等，但是为了确保产品部门与营销部门的利益一致性，让两者共同承担业务指标是一个合理的选择。

### ◉ 3.4.5　策略：落地的关键

所谓策略，即实现目标的方案，是产品规划能否落地的关键。制定策略的秘诀在于，通过分析找到"影响最大且有机会改善的环节"。

在本案例中，通过对2020年数据的分析，发现老客转介绍小程序各环节的留存率不到30%，因此2021年的策略就是通过强化SOP（标准操作程序）、简化操作等方式，提高各环节留存率，最终达到老客转介绍小程序获客收入翻倍的目标。详细策略示例如下图所示：

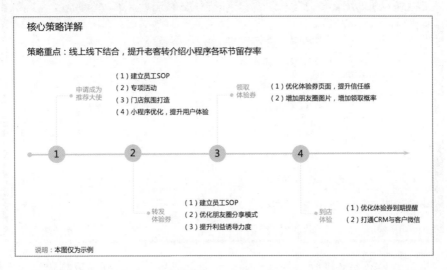

对于业务支撑类产品，好的策略一定是与业务深度融合的。比如，在"申请成为推荐大使"环节，仅仅是小程序本身的优化，留存率的提升是比较有限的；但是通过建立线下门店的SOP、优化员工向顾客推荐的力度和质量，肯定可以进一步提升留存率。另外，在"领取体验券"环节，由于我们分析出推荐大使带来的"每一次潜客进店体验"可以给公司创造1.8万元的收入，潜客质量非常高，因此可以加大营销费用投入力度。这些费用都是以折扣券的方式发出的，只有公司收到款项才会与客户结算，因此也不会影响公司现金流。

要制定出可行的策略，一定要多和业务部门沟通，多分析数据和进行一线调研。我一直要求产品经理定期去一线，我自己也是身体力行，其原因就在于，很多可行的策略都来自于现场的发现。

## 3.4.6  计划与资源：高效执行

策略的落地还需要制订推进计划。推进计划的重点在于分解出关键步骤，并落实到责任人。其实，不管规划过程如何精细，产品规划都是基于过去预测未来，这是一件极具风险的事情。因此，我们需要把一个大方案拆解为多个小方案，从而降低风险，同时留出足够的反应时间。

回到案例，推进计划示例如下图所示：

| 策略 | 计划列表 | 负责人 | 协助人 | 完成时间 |
|---|---|---|---|---|
| 业务/产研合作：推荐大使2.0 | • 推荐大使2.0：整体方案完成 | 张三 | 李四 | 2021-01-25 |
| | • 推荐大使2.0：系统上线 | 张三 | 李四 | 2021-02-28 |
| | • 推荐大使大赛启动 | 张三 | 李四 | 2021-03-01 |
| | • 推荐大使大赛复盘 | 张三 | 李四 | 2021-04-30 |
| 业务/产研合作：获客/激活 | • 获客小程序全部上线 | 张三 | 李四 | 2021-02-28 |
| | • 激活小程序上线 | 张三 | 李四 | 2021-03-31 |
| 业务/产研合作：复活/复购 | • 复活小程序上线 | 张三 | 李四 | 2021-04-30 |
| | • 复购小程序上线 | 张三 | 李四 | 2021-04-30 |
| | • 客户在线化评分报表上线 | 张三 | 李四 | 2021-05-31 |

计划列表 -Plan

推进计划需要多进行内外部沟通。一旦计划定稿，最好形成相关方的考核指标。因此，一方面需要多方讨论计划的可行性，另一方面也要得到业务部门、协作部门的认可。实际上，产品规划往往也是得到各方承诺的过程。因此，我们关注规划的结果，更要关注规划编制的过程。让各方充分参与，表达自己的观点，将改善规划的落地效果。如果你的规划激动人心，同时具备充分的可落地性，那么相信你的资源需求也会得到公司的认可和支持。在资源需求部分，记得加上你的部门编制规划和预算。

在最后一步，不要忘记：我们需要很多人的帮助。因此，可以表达我们所需要的外部支持，并得到公司高层的认可。这样，会有利于后期与其他部门的协作。

## 3.5　第五个技能：团队管理

### 3.5.1　管理的本质

2021 年，我在自己的 SaaS 社群做了一个职业小调查，通过统计 1336 份有效问卷，我发现：工作 5 年左右，是 SaaS 产品经理晋升产品总监的关键节点。同时，同为 5 年左右的工作经验，SaaS 产品总监的月薪约为产品经理的 1.7 倍，这还没有包含年终奖、期权等其他福利。

其实，随着中国 SaaS 行业的快速发展，也随着经验的增长，我们每个人都有机会带领团队，甚至担任产品总监和 CEO。那么，什么样的产品经理能够胜任带团队的工作呢？那就是具有一定管理能力的产品经理。

实际上，管理能力并非天生，它更像一种技能，只要我们不断学习和练习，就一定能够成为一名优秀的团队管理者。以我自己为例，从管理项目到管理团队，从管理几个人到管理几十个人，从大公司总监到创业公司合伙人，一路走来，虽然踩了无数坑，但自己也越来越成熟，越来越像一名合格的管理者。虽然项目管理也有"管理"两个字，但是和"团队管理"比起来，就是小巫见大巫了。这里的关键在于：团队管理是和人打交道的艺术。这就是管理的本质。还没有意识到这一点的人，就没有入门管理。

### 3.5.2　如何做好管理工作

管理就是要处理好和他人的关系。当我们还只是产品经理的时候，我们最核心的能力是专业能力。在关系处理上，只要能搞定客户，我们就可以逐步树立起自己的权威。但是，当你成为管理者时，你会发现，你不得不弱化自己的专业能力。如何激励他人完成任务，如何帮助他人成长和成功，将变成你最核心的任务。具体来说，我们必须处理好以下几种关系。

## 1. 处理好和自己的关系

### 1）接受"依赖他人完成工作"的事实

当我们还是专业人士的时候，大部分工作都是自己完成的，虽然很累，但至少心里踏实。而一旦做了管理者，你就必须接受一个"恐怖"的现实：你得依靠他人来完成工作！

能当上管理者，已经证明了你是可以信赖的人。但是我敢肯定，在你的团队中，除了少数相对优秀的员工，大多数都是相对平庸的员工，甚至可能还有少数落后分子！把你的"职业生涯"系在他们身上，多么让人恐慌。但是，这是你必须接受的现实：因为你没办法一个人完成所有工作。

### 2）接受挫败感

做管理和做专业人员，工作目标和内容差异都很大。特别当你还是一个管理新手时，你就像一个婴儿，跌跌撞撞，一路犯错，甚至会被领导批评！这在我们还是一个专业人员的时候，几乎是不可想象的。

但是，你必须接受这样一个现实：在管理这条路上，你确实就是一个新手。犯错，是我们必须经历的过程。接受这种挫败感，你才能安然度过这段难熬的时光。

### 3）管理好自己的时间

有些管理者，因为接手了一个很大的团队，会突然变得忙不过来。还记得我刚从部门经理升任产品总监的时候，有那么一段时间，我连上厕所都是跑着去的。我自己心里有数：管理的事情多了，而且还需要直接给副总裁和CEO、CTO等汇报。我经常还在思考一个事情，就接到他们的电话，又有新任务安排下来了。

我明白这么下去不是办法，于是我借鉴了管理大师德鲁克的办法：以每10分钟为单位，记录自己的工作时间。很快我就发现了自己的问题——我在思考工作上花的时间太多了。因为之前管理的是 10 人小团队，产品线也不多，很多事情还可以自己思考好再安排下去；但现在团队扩大了一倍还多，管理的产品线也随之增加，如果仍然把很多事情思考好再安排下去，效率就太低了。于是我调整了策略，接到新任务，第一件事不是思考做事逻辑，而是思考谁是最合适的负责人。这样，我只需要交代好要求，剩下的就让负责人去梳理吧。

果然，很快我就轻松下来了，可以抽出时间思考更多重要但不紧急的工作了。

如果你也面临忙不过来的情况，我建议你一定要梳理一下自己的时间，再有针对性地调整工作思路。

## 2. 处理好和下属的关系

关于带团队，《孙子兵法》中有一段经典的话：卒未亲而罚之，则不服，不服则难用。卒已亲附而罚不行，则不可用。意思就是说士卒还没有亲近依附时，将帅贸然处罚他们，他们肯定会不服气，这样就难以使用他们去打仗；如果士卒对自己的将帅已经亲近依附，但不执行军队法令，这样也是不能打仗的。这段话用在和下属的关系上，真是再合适不过了。

### 1）建立信任

有人说，正直是优秀管理者最核心的素养，这一点我还是颇为认同的。因为一个人品不好的管理者，只会为自己考虑，更别说为下属着想了。这样的管理者，不可能和下属建立起真正的信任关系。

作为团队管理者，如果我们想让下属真心投入工作，甚至为了团队目标克服万难，那么取得下属的信任，就是这一切的基础。建议团队管理者要和下属特别是核心下属维护好关系，把他们真正放心上。比如我听说某个核心骨干刚生了小孩，就特意去南京的佛顶寺买了一块雨花石送给他。可以想象，当一个下属看到自己的领导这么用心对待自己时，肯定也会心怀感激，进而对你产生信任感。

2）帮助员工

作为从专业岗位晋升的管理者，必定在某些方面具备比下属更强的能力。帮助下属解决问题，除了显示自己的专业能力，还能够获得下属的信任和尊重。但是，我们必须要记得一点：那个问题是下属要解决的问题，不是我们要解决的问题。没有经验的管理者，很容易把问题揽过来，不仅把自己搞得不堪重负，下属也没有参与感。

我最喜欢的"帮助"下属的方式，就是问问题。比如小李来找我，说某个项目要延期，自己不知道该怎么办。我就会问为什么项目要延期，小李可能说因为在联调阶段发现了一个大 bug。我就会进一步问这个 bug 影响了哪些功能；如果要按时上线，存在哪些资源瓶颈；是否有其他方法可以解决这些瓶颈……往往这样问下来，下属就知道解决问题的思路了。

3）激励员工

现在大部分员工都是 90 后、95 后，相对于 80 后，他们更渴望尊重和成长。因此，我们不能简单使用"发号施令"的方法来安排工作，而应该多采用"参与式管理 + 正面强化"的组合拳。比如，每次当我要发布一项新的管理制度，或者安排一项全新的工作时，我都会召集核心员工，征求他们的意见。这样可以避免我考虑不周的情况，更重要的是，可以让他们有参与感，并将新的制度和工作看作他们共同的决策。

当我管理 10 人团队时，我每个月都会抽出时间，和每个人一一交心，肯定他们的成绩和成长，再站在帮助他们成功的角度，指出他们的缺点。当我管理 30 人团队时，我也会保证每个月和核心骨干都有一对一的交流时间。当然，除了每个月的例行安排，平时注意多和员工私下接触，肯定他们的表现，也是激励员工的好方法。

4）尊敬比喜爱重要

虽然得到员工的拥护是优秀管理者的必要条件，但我们也必须明白：得到员工的尊重，比得到他们的喜爱更重要。

作为管理者，其实是公司赋予了我们职权。因此，在保障员工应得利益的前提下，我们要尽可能执行公司的指令，哪怕这些指令不是员工所喜爱的。比如，公司执行末尾考核制度，评价不高的员工年终奖金会受到影响。可能我们不忍心给任何一位员工打低分，但这是公司的规定，同时也有利于整个团队的成长，我们就必须坚决执行。因此，我们平时就要和员工保持适当的距离，开玩笑也要有分寸，时刻注意维护管理者的形象。这样，当你需要批评员工，或者给他们做出负面评价时，就不会显得尴尬。

有人可能会问：既要和员工搞好关系，又要和员工保持距离，这个度怎么把握？我的建议是：先搞好关系，再保持距离；在私事方面搞好关系，在公事方面保持距离。具体的度，则需要我们在实践中去把握。

### 3. 处理好和上级的关系

作为管理者需要明白，我们的主要职责便是配合上级达成公司目标。当然，有时候我们的上级并不止一位。比如在某些创业公司，为了加速项目的推进，有些联合创始人可能也会越级下达指令。在这种情况下，你"真正的上级"也包括了这位联合创始人。

#### 1）理解上级的目标

领导雇佣我们，本质上是因为我们可以"帮助他们达成目标"。因此，理解上级的目标就非常重要。在这里，我们需要注意的是，上级的目标往往分为两个部分：①公司分配给他的目标，比如核心产品的月活；②他个人的目标，比如提高产研部门的影响力。

作为下属，需要多主动和上级交心，理解和帮助他达成目标。

#### 2）为结果负责

我们必须明白，上级期望我们能像"商人"一样，为结果负责。如果我们自己做生意，当市场环境变化、当员工招聘困难、当公司产品或者服务出现问题时，你会怎么做呢？我相信你一定不是一味抱怨，而是绞尽脑汁，想办法解决当下的困难，甚至未雨绸缪，为将来可能出现的问题提前准备。

我曾经带过一个产品线负责人，每次我询问他工作中的一些重难点，比如可能需要和某个业务部门协同，他都会回复我：这一点我想到了，并且已经做了安排。这样的下属无疑会得到很高的评价。

### 3）培养优秀的团队

一般来说，领导对我们的期望，除了完成业绩目标，最重要的就是培养好团队。越是高端的职位，越看重对人才的选拔和培养。特别是在互联网行业，一方面我们希望团队不断创新，另一方面仅仅依靠制度也激励不了员工。因此，如何提升团队的自驱力，如何提高团队的执行力，不断让团队变得更加优秀，是领导最关心的工作之一。

我建议，每次给领导例行汇报工作，都加上团队建设的部分。如果我们在这方面做得很出色，相信领导一定会感谢你。

## 4. 处理好和其他部门的关系

每个部门都有自己的目标，而公司的资源往往是稀缺的。为了争夺这些资源，各个部门明争暗斗，往往就会衍生出所谓的"办公室政治"。除了少数喜欢玩弄权术的人，其实大部分员工都对"办公室政治"深恶痛绝。但是，只要"资源稀缺"存在一天，大公司的"办公室政治"就会存在一天。因此，我们必须接受它，甚至合理地利用它。在这方面，我有两点心得分享给大家。

### 1）平时和兄弟部门搞好关系

人心都是肉长的，在同等条件下，大家都愿意和友好的部门一起合作。

搞好关系的方法也很简单，就是平时多把对方放心上，有好东西多分享。比如，部门拿了奖金，给帮过忙的兄弟部门送一盒水果；看到了好书，买一本送给爱看书的部门负责人；组织聚会，邀请其他部门参加；等等。只要开动脑筋，就有很多搞好关系的方法。

2）了解对方的利益，放低姿态

每个部门都有自己的目标和利益，了解到这一点，有助于找到共赢的途径。在这方面，我想强调的是：两点之间最短的距离，往往不是直线——要想达到自己的目标，最快的途径不是直接要求对方配合我们，而是先帮助对方完成他的目标。

## 3.5.3 小结

曾经的我们可能是部门优秀员工，或者是客户面前的专家。但是，一旦我们开始做管理，就踏上了一条全新的旅途。而这条旅途的生存法则就是：必须学会借助他人的力量来实现自己的目标。

当然，即便我们洞察了这个真相，也做好了经历挫折的准备，但当问题接踵而来时，我们仍然会感到慌张，甚至焦虑和痛苦。在这里，我送你一句我最喜欢的话，来自达利欧的《原则》：

焦虑＋反思＝进步

毫无疑问，道路是曲折的，但前途也是光明的。让我们怀着一颗谦卑的心，勇敢踏上这段旅途吧！

# 从 0 到 1 规划一款 SaaS 标准化产品

虽然一款 SaaS 标准化产品会持续迭代，但在实际工作中，"从 0 到 1 阶段"的设计工作对 SaaS 产品的成败具有决定性的作用。因此，接下来我将结合自己的亲身经历，用一个案例给大家讲解如何从 0 到 1 规划一款成功的 SaaS 产品。

需要注意的是，在本案例中没有讲竞品分析的环节，因为案例中的公司属于市场早期进入者，缺乏直接竞品参考；同时公司大客户的需求非常明确，主人公也已经储备了相关产品知识，所以才跳过了这一环节。在实际工作中，竞品分析环节也是"从 0 到 1 规划"的重要一环。

# 4.1 案例背景

小张是一位产品经理。他所在的 A 公司主要服务于经营食品、饮料等快消品的经销商，为他们提供销售管理 SaaS 软件。

## 1. 服务的主要业务场景和流程

A 公司 SaaS 产品主要服务的业务场景如下图所示：

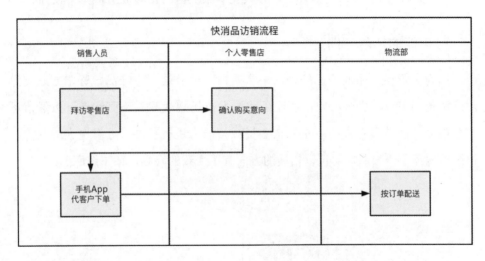

核心流程如下：

（1）销售人员定期拜访街边零售店，询问是否需要订货。

（2）店老板答应订货后，销售人员记录订购数量，并和老板确认。

（3）销售人员将确认后的订单，发给物流部。

（4）物流部安排发货并收款。

## 2. 核心竞争力与发展问题

A 公司 SaaS 产品的核心竞争力在于高可用的移动端。快消品经销商的员工学历偏低，同时离职率很高，新员工的培训和员工作业效率一直都是大问题。使用了

A 公司的 SaaS 产品以后，由于 App 能够指引员工拜访零售店，并展示产品图片和价格等，销售人员特别是新入职员工的作业效率大幅提升。同时，通过 App 下单，订单可以直接传送到物流部，避免了重复录入的问题，不但节省了人力，还避免了错漏。正是因为以上优点，A 公司的 SaaS 产品迅速赢得了一批经销商客户。

但是，问题也随之而来，主要是两点：

- 经销商付费能力有限且生命周期较短，加上 SaaS 产品线单一，导致 LTV（客户生命周期价值）不高。

- 当前产品的进入门槛较低，导致竞争激烈，CAC（获客成本）偏高。

### 3. 可能的拓展方向

作为负责该产品的产品经理，小张明白，仅靠这一个产品，肯定无法支撑 A 公司走到 IPO。那么，如何才能迅速扩大市场规模呢？小张知道，虽然市场机会很多，但是只有围绕着企业核心资源与能力进行扩展，才有更大的胜算。他简单地画了一张图，对可以拓展的方向有了大致的筹划，如下图所示：

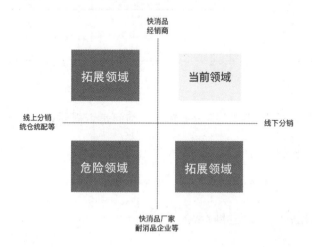

- 当前领域：是当下 SaaS 产品的主要定位，即聚焦快消品经销商，给他们提供线下分销工具。

- 拓展领域：是未来可以占领的市场。在拓展领域，A 公司既可以给快消品经销商提供更多服务，比如线上订货平台、线下的仓配服务等，也可以给非快消品经销商的企业，比如快消品厂家、耐消品经销商等提供线下分销工具。

- 危险领域：在左下角的危险领域，团队既不熟悉目标客户，也不熟悉相关业务，更没有可用的产品，拓展风险很大。

大致明确了拓展方向以后，接下来就需要寻找机会，小张有意识地和销售人员保持沟通，看看是否有对"拓展领域"有意向的潜在客户。毕竟 A 公司还在创业初期，如果能有明确购买意向的客户，无疑可以节约公司资源，大大降低试错成本。很快，机会就来了。

## 4.2 需求筛选

一天，一位区域销售负责人找到小张，说一家知名快消品厂商希望定制一个销售人员使用的 App。客户的需求很"简单"，业务员拜访零售店时，通过 App 录入订单，然后传送到他们的 ERP 系统即可。

听完需求，小张心中微微一动：线下分销正是当前产品的核心应用场景，只是客户从经销商换成了制造厂商，这可能正是他在苦苦寻找的"拓展领域"机会，如下图所示：

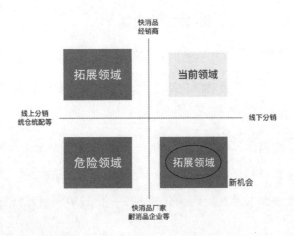

当然，作为产品经理，不能凭着冲动做事。因此，小张列出以下几个关键点，对自己的想法再次进行了验证，如下图所示：

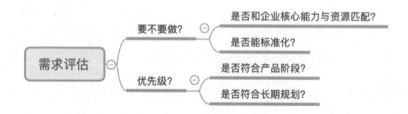

## ◉ 4.2.1　要不要做

在很多 SaaS 公司，为了防止被客户牵着鼻子走，进而把产品变成功能大杂烩，SaaS 产品经理都拥有拒绝需求的权力。正是因为如此，产品经理更需要谨慎使用手中的权力，不接受任何一个坏需求，但也不漏掉任何一个好需求。小张判断需求好坏的标准主要有两个：

- 是否和公司核心能力与资源匹配？由于客户属于快消品行业，同时主要业务场景是线下分销，因此与团队的经验、产品的能力都比较匹配。小张认为，虽然客户是快消品厂家，但是厂家业务员拜访客户的业务规则，和经销商业务员拜访客户的业务规则是非常相似的。因此，产品模块可以高度复用。

- 是否能够标准化？所谓标准化，本质是能否形成通用功能，以满足大部分客户的需求。这主要取决于两个维度：

  ➢ 行业维度：是否有成型的行业方法论。

  ➢ 产品维度：产品功能能否匹配成型的方法论，同时也能兼容企业的个性化特点。

小张认为，快消品厂家的线下分销是一个很成熟的行业，既有大家普遍遵循的方法论，也有虽然还没普及但大家普遍认可的先进方法。比如，快消品厂家普遍采用大批发和 KA 直销两种分销方法，比较容易标准化。而部分领先快消品厂家还采用了深度分销，其方法的先进性也得到了行业普遍认可。三种线下分销方法具体介绍如下：

（1）大批发（如下图所示）是厂家把货卖给批发商，由批发商再进行二次分销。大批发模式虽然比较粗放，但是在厂家管理能力不足，或者销售区域相对偏远的情况下，采用大批发模式可以实现低成本、快速铺货，因此是常见的一种分销模式。

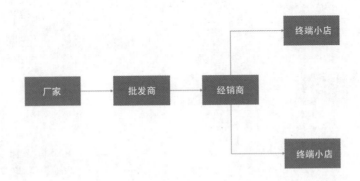

（2）"KA直销"里虽然有"直销"，但并不是直接销售给消费者，而是直接销售给大型零售终端，比如连锁超市等，行业内称之为KA（Key Account）直销（如下图所示）。根据往年数据，快消品行业约有40%的销量都是通过大型零售终端完成的。这些零售终端往往是区域连锁甚至全国连锁的，不但销售量高，还可以树立品牌形象。其缺点是进入门槛高，谈判过程复杂，因此，往往由快消品厂家直接进行合作。

（3）深度分销（如下图所示）是快消品分销的重要方向。实行深度分销的企业，往往已经具备一定销售规模和管理能力。公司根据区域进行划分，指定经销商专营，强调终端门店的铺货率、陈列和新品普及率等。对于企业来说，深度分销可以最大化挖掘终端门店的潜力，提高新品和高毛利商品的销售量，并有效阻击竞争对手。因此，这种模式一直是伊利、康师傅、可口可乐等大型快消品企业的重点分销模式。

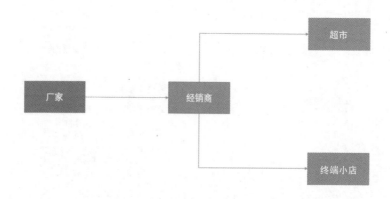

除了快消品厂家的线下分销模式容易标准化，小张还考虑到，这家客户是行业领先的快消品厂家，其需求能够代表行业先进方法，比较适合用来打磨产品的 MVP 版本。在满足该客户需求的基础之上，通过标准功能迭代满足其他快消品厂家的需求，难度应该不会很大。因此，小张的结论是"这个需求可以做"。

## 4.2.2　优先级

接下来，该需求的优先级如何呢？小张首先想到了 RICE 评估法。RICE 是用来评估需求优先级的四大因素的首字母缩写，四大因素的解释如下：

- 触达（Reach）：有多少客户提出这个需求？

- 影响力（Impact）：客户对这个需求的迫切程度如何？

- 信心度（Confidence）：产品经理对这个需求的判断如何？

- 努力（Effort）：我们需要付出多大成本？

小张认为，虽然目前只接触到一家潜在客户，但是一方面这家客户属于行业领先企业，具有很强的风向标作用；另一方面，面向大客户的产品客单价较高，从一个客户获取的年订阅费用可能高达十万元甚至百万元，因此"触达"的评分较高。另外，小张和销售负责人进行了沟通，确认该客户对需求的迫切程度很高，因此"影响力"的评分也较高。小张还认为，这个需求背后的市场是快消品制造企业，相对于快消品经销商，它们有如下特点：

- 规模更大，付费意愿更强，生命周期更长，也就是说，具有更大的 LTV（客户生命周期价值，参见 5.2.3 节）潜力。

- 进入门槛较高。制造企业由于规模大，管理层级复杂，对产品功能要求更高，对 SaaS 公司也有经验和规模上的要求。因此，目前竞争相对还不是很激烈。

作为一家创业公司，特别是一家在寻找第二增长曲线的创业公司，这样的机会是很难得的，小张给"信心度"也打了高分。最后是"努力"，小张认为，虽然第一个订单有可能亏本，但是考虑到未来的潜在市场，这样的成本是值得付出的。

考虑完这些，小张已经迫不及待地要去拜访客户了，他赶紧让销售负责人和客户约最近的拜访时间。

## 4.3　需求梳理

### 4.3.1　策略层梳理

很快，销售负责人就和客户约好了拜访时间。小张知道，对于产品经理来说，第一次拜访客户，最要紧的并不是搞清楚所有需求细节，而是明确客户需求的范围，以及客户的业务策略，从而确认产品研发范围以及"标准化交付"的难度。

在需求筛选阶段，小张已经明确了快消品行业的主要分销模式（业务策略），并判断公司有能力通过标准化产品进行满足。因此，小张的策略主要是将客户的分销模式与行业主要分销模式进行快速匹配，从而将调研重心放在客户的个性化需求上。

客户的一位渠道经理接待了小张。他认为自己的需求很简单：业务人员在手机端录入销售订单，再传送到 ERP 系统安排发货即可。因此，小张公司只需要提供一个手机录入端口，再打通客户已有的 ERP 系统，如下图所示：

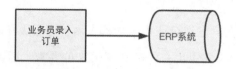

一直以来，小张的需求调研原则都是永远要相信客户"存在一个需求"，但是永远不要轻信客户"搞清楚了自己的需求"。于是，他在黑板上画出了分销管理概要流程，然后按照流程环节逐个与客户进行梳理，如下图所示：

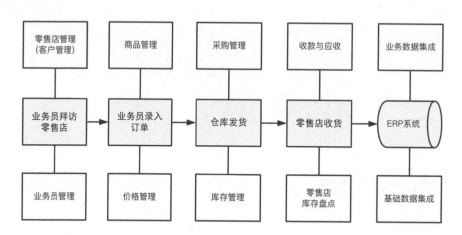

梳理的主线是销售订单流程：从拜访客户到订单交付。然后再逐个梳理支线流程，比如：要管理"业务员拜访零售店"，就必须进行零售店（客户）管理和业务员管理；要支持"录入订单"，就必须管理"商品"和"价格"。

小张之所以先画"概要流程"，是因为调研的第一要务是确保不遗漏重要流程和板块。小张很快发现，该厂家对于区域连锁卖场等大客户，采取的是厂家业务员拜访、工厂直接发货的 KA 直销模式；对于非连锁便利店等小客户，采取的是厂家业务员拜访、经销商发货的深度分销策略（可参考4.2.1节的介绍）。

因此，客户实际上主要有两种不同的销售流程，如下图所示：

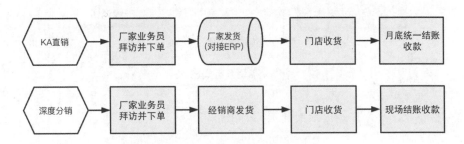

客户希望把两种销售流程都管理起来。因此，要满足客户需求，远非"支持录入订单并传送 ERP"就可以的，而是必须对商品、零售店、经销商、价目表等基础数据，以及库存现有量、发货、收货、收款与对账等业务流程和数据进行全面管理。另外，在"深度分销"场景下，由于发货和收款都由经销商负责，并不需要对接厂商 ERP，而且收款与对账流程也和"KA 直销"场景不同。因此，两个场景需要分别设计产品功能。

明确了业务范围、业务策略和主要流程，小张更有信心了。经过第一次会面，客户也对小张的专业能力很认可，并当场表达了尽快合作的意愿。

## 4.3.2 业务层梳理

第一次与客户见面为商务谈判打下了很好的基础。不久，小张就收到了区域销售负责人的好消息：已经和客户签订了合同，可以进场调研了。

在传统软件时代，研发团队都是驻扎在客户现场的，用户还可能脱产投入项目，这就使得需求调研的难度大大降低。但小张的公司并非项目制公司，研发团队都在总部办公，因此小张需要在客户现场把问题都搞清楚，然后再回来转达给研发团队。这就对小张提出了更高的要求。为了提高调研效率，小张首先梳理了调研提纲，如下页图所示：

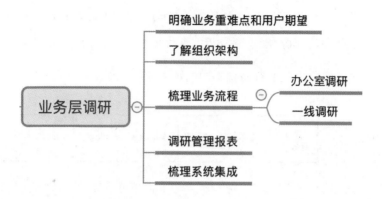

接下来，小张按照提纲展开了调研工作。

### 1. 明确业务重难点和用户期望

小张明白，SaaS产品也符合"二八原则"：20%的功能将决定客户80%的口碑。从产品设计的角度来说，基本需求的实现只能防止客户"不满意"，但如果要让客户"满意"甚至"超预期地满意"，就必须解决业务重难点问题，并满足用户期望。

通过和客户沟通，小张了解到，客户之前已经耗费上百万元实施了某国际知名品牌的 CRM 系统，但是移动端的用户体验却非常糟糕：App 需要反复培训才能上手使用；低下的操作效率和缓慢的响应速度，也使得系统的推广困难重重。因此，对于客户来说，该项目的重难点就在于 App 体验必须得到一线用户的认可，这也是客户的主要期望。

其实，客户之所以选择小张所在的 A 公司，就是因为在体验了他们的 App 后，认为产品的用户体验非常好，可以解决当前系统推广最大的难题。这也正好印证了小张之前的判断：公司的核心资源和能力，较好地匹配了新领域的需求。这次新产品的开拓，很可能会成就公司的第二增长曲线。

### 2. 了解组织架构

如果把企业比喻成一个人，组织架构就是人的骨骼，业务流程就是人的血肉。骨骼不复，血肉焉存？组织架构从根本上决定了业务流程，也决定了业务数据的安全性策略。比如，如果公司按照产品线划分销售事业部，那么销售事业部往往会具有较为自主的权力；同时，事业部和事业部之间的业务数据也需要相互屏蔽，以避免不必要的信息泄露和过度的内部竞争。因此，在调研业务流程之前，小张需要先搞清楚客户的组织架构，并绘制出组织架构图，如下图所示。

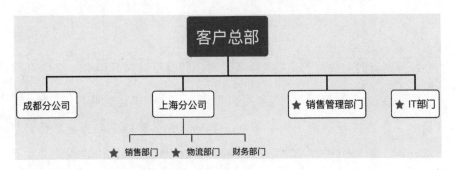

为降低组织架构图的复杂度，小张去掉了和本次项目范围关系不大的职能部门，比如总部的 HR 部门等，并对需要重点关注的部门标注了星号。

- 客户总部的"销售管理部门"：是本次项目的主导部门，也是公司销售管理的规则制定部门。其主要职责是探索分销管理最佳实践，并通过管理制度、SOP 和管理软件等手段，将最佳实践推广到各分公司。为了保证制度的执行效果，该部门还被赋予了考核分公司的权力。

- 客户总部的"IT 部门"：是本次项目的协助部门，也是 ERP 系统的管理部门。该部门的职责主要是运维和升级 ERP 系统，小张公司研发的 SaaS 系统要打通客户的 ERP 系统，就必须得到该部门的支持。

- 分公司的"销售部门"：是本次项目的执行部门，也是负责客户具体销售业务和销售人员管理的部门。该部门的职责主要是招募和管理销售人员，并通过拜访零售店和管理经销商，最终达成公司的业绩目标。该部门也是本次项目成败的关键——他们对系统的接受程度，决定了项目能否成功落地。

- 分公司的"物流部门"：也是本次项目的执行部门，负责仓库管理和物流配送。该部门的职责，主要是根据销售人员传回的订单，按要求进行货物配送。

## 3. 梳理业务流程

由于小张已经和客户确认了整体业务流程，因此本次调研只需要补充详细业务流程。要了解详细业务流程，小张必须进行更为细致的调研。具体又分为办公室调研和一线调研。

### 1）办公室调研

办公室调研的主要目的是梳理业务逻辑，需要明确以下几项内容：

（1）重点业务规则说明：主要是流程图无法清晰表述的业务规则等内容。小张调研了价格管理规则，他了解到，客户的价格管理主要由基本价目表和促销活动两个部分组成。由于不同地区的竞争程度不同，价目表需要按地区进行配置，即不同地区（对经销商和零售店）的售价可能是不同的。而促销则是在价目表的基础上，鼓励经销商和零售店进货的策略性手段。比如，"买3送1（杯子）"的促销活动，就是鼓励一次性采购3箱或以上——每3箱将免费送1个杯子。这对于利润微薄的经销商和零售店来说，具有很强的吸引力。同时也不会造成低价商品、扰乱平常价格秩序。

（2）详细业务流程图：这是调研文档的核心组成部分，可以直观反映业务处理过程，避免梳理出现错漏。虽然只是调研阶段的流程图，但是小张仍然很重视，他针对所有细分流程绘制了流程图，并对每个步骤做了说明，示例参见下图：

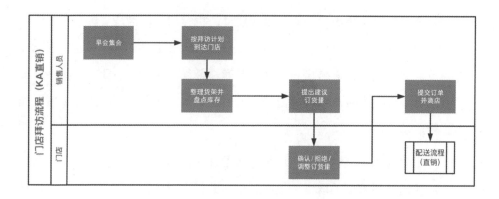

流程图说明如下表所示：

| 序号 | 任务 | 说明 |
|---|---|---|
| 1 | 早会集合 | 早上8点，销售人员在分公司集合开晨会，主管布置今天的工作 |
| 2 | 按拜访计划到达门店 | 销售人员根据当天拜访计划，按照计划路线依次拜访门店 |
| 3 | 整理货架并盘点库存 | 销售人员到店后，首先整理货架，补充货架空位，并调整商品摆放位置，以提升美观性；然后盘点门店的存货 |
| 4 | 提出建议订货量 | 销售人员根据门店的存货量、上一次购买数量等计算本次建议购买量，并向店主提出购买建议 |
| 5 | 确认／拒绝／调整订货量 | 店主确认、拒绝或调整建议购买量 |
| 6 | 提交订单并离店 | 销售人员把订单提交给物流部，和店主打招呼后结束拜访，并前往下一家门店 |

（3）客户的业务重难点：虽然第一步已经明确了客户主要的业务重难点和用户期望，但是在梳理具体流程时，用户可能会提出更多细节问题。这些问题都应该仔细记录下来，并在方案设计时妥善处理。否则，在系统上线后，小问题可能会演变成大问题，最终需要耗费更多资源去解决。

在调研时，客户提出，虽然大部分业务员都能够遵守规则，但是有极少数业务员会存在弄虚作假的行为。比如，整理货架后，企业希望业务员能对整理后的货架进行拍照，并上传到App。这样，公司督导人员就可以通过查看照片判断业务员的工作质量，并对操作不规范的业务员进行督导和培训。但在实际工作中，极少数业务员并没有对货架进行规范整理，而是通过调取手机图片，甚至对着电脑图片拍照的方式蒙混过关。企业为了杜绝这种作弊行为，不得不组织人手对图片进行检查，不但工作量很大，而且也存在错漏的风险。

小张一边详细记录这些重难点，一边思考解决方案。

2）一线调研

在传统软件时代，大部分系统操作都在PC端，企业对用户体验也不够关注，因此，需求调研主要都在办公室进行。但在SaaS时代，移动端操作的比重越来越高，企业对用户体验也越来越关注，因此，除了办公室调研，往往还需要去一线现场调研。考虑到一线调研的时间成本相对较高，因此小张按角色安排了调研计划，如下：

- 业务员：零售店拜访场景。

- 经销商：采购、发货与收款场景。

- 零售店：收货与付款场景。

考虑到业务员是 SaaS 产品的主要用户——人员数量多、操作频次高、体验要求高，小张特意安排了一天时间，跟随一位业务员完成一天的作业。具体安排示例如下表所示：

| 时间 | 地点 | 任务 |
|---|---|---|
| 8:00—8:30 | 公司办公室 | 晨会：安排和启动一天的工作 |
| 8:30—12:00 | A 商务区 | 按路线拜访零售店 |
| 12:00—13:00 | 吃饭休息 | 无 |
| 13:00—18:00 | B 商务区 | 按路线拜访零售店，完成一天的拜访计划 |
| 18:00—18:30 | 公司办公室 | 晚会：总结和分享一天的工作 |

在调研过程中，为了不影响业务员的工作，小张尽量作为观察者，观察和记录业务员的行为，以及他所面临的问题。在午休时，小张主动请业务员吃了个便饭，一来拉近了关系，二来也顺便询问了很多现场作业的细节。

当然，只进行一次调研未必足够。因为这种"静默式调研"主要是了解"现状"，但并不能明确客户的"期望"。比如，客户希望业务员在拜访零售店时，对零售店库存进行盘点。但是在实际工作中，业务员未必会按规范操作。因此，有必要拉上业务员的主管人员或者优秀业务员，到现场进行"讲解式调研"。即由主管人员告诉我们，规范的操作应该是怎样的。理论上，我们应该按照可落地的、规范的操作进行产品设计。

在我们按计划完成了所有办公室调研和一线调研，并形成调研文档后，还需要和客户进行确认。切记，任何问题在调研阶段被发现，纠正的成本都是最低的。因此，我们应该尽可能多调研、多和客户沟通。

另外，值得一提的是，在业务调研时，我们也要注意核对调研的范围是否完整。比如，由于客户采用了 KA 直销和深度分销两种模式，因此小张在制订调研计划时，就针对两种模式分别制订了计划。

### 4. 调研管理报表

管理报表是企业管理软件的核心组成部分，同时，考虑到大部分关键业务数据最终都会以报表的形式呈现，因此，需要尽早进行管理报表调研，也可以反向验证我们是否遗漏了重要流程和业务逻辑。在业务流程调研的同时，小张找客户要了相关报表的样表，并逐一进行了分析和沟通。其中有一张销售业绩报表引起了小张的注意，如下表所示。

| ××公司年度销售业绩报表 | | | |
|---|---|---|---|
| 年份：2021 年 | | 分公司：上海分公司 | |
| 销售小组 | 销售人员 | 销售箱数 | 销售金额（元） |
| A 组 | 张三 | 300 | 30 000 |
| | 李四 | 400 | 40 000 |
| | 王五 | 500 | 50 000 |
| B 组 | 赵六 | 600 | 60 000 |
| | 孙七 | 700 | 70 000 |
| 合计 | | 2500 | 250 000 |

报表本身很普通，但客户提出存在以下情况：

- 销售人员会在部门间调动。比如张三去年在 B 组，今年调动到了 A 组。

- A、B 组所负责的销售区域每年都可能调整。比如 2020 年 A 组负责 a、b、c 三个区域，2021 年可能负责 a、b、e、f 四个区域。区域覆盖的商圈范围也可能会调整。

因此，当需要比较 A 组 2020 年与 2021 年的业绩时，由于 A 组的组织架构、负责区域和销售人员都在变动，"2020 年的 A 组"和"2021 年的 A 组"就失去了可比性。但是，为了考核 A 组的绩效，与去年业绩进行同期对比是必要的。

客户之前是怎么做的呢？客户认为，权衡之下，相对于区域，人员在部门间的调动影响较小，因此按"A 组所包含的人员"与往年同期进行对比。比如，2021 年 A 组有张三、李四、王五三位销售人员，就将这三位销售人员在 2020

年的销售业绩之和，作为 A 组 2020 年的销售业绩，并与他们 2021 年的销售业绩进行对比。这样的对比毫无疑问存在偏差。比如张三 2020 年实际是在 B 组，他 2020 年的销售业绩根本不应该归属于 A 组。但是客户认为这种误差是相对可控的，因此 5 年来，一直采用这个逻辑。

小张知道，这个逻辑涉及部门业绩的核算，虽然误差可能不大，但由此可能导致的纠纷将给企业管理带来很大隐患。同时，万一客户后期又发现更好的方案，就意味着报表的底层逻辑需要大改，这无疑将会造成巨大的研发浪费。考虑到这些，虽然客户一再强调"按照原有逻辑处理就好"，小张仍然决定从底层重新思考报表的逻辑。

小张认为，深度分销的基本逻辑是将零售店划片（比如按商圈划片），再将商圈组成区域，分配给销售小组，实现覆盖。而这个逻辑的基础是零售店是相对稳定的。虽然零售店也可能从 a 商圈搬迁到 b 商圈，但是这种情况发生的概率很低。因此，小张认为，相对于部门和销售人员，"零售店 - 区域"的对应关系才是最稳定的。如果将零售店所属的商圈作为对比的依据，就可以准确对比"A 部门"今年和去年的销售业绩。比如，A 部门今年负责了 10 个商圈，我们只需要找到这 10 个商圈在去年的销售数据，就可以判断 A 部门今年的增长情况了。这种逻辑，在 A 部门组织架构、负责区域和销售人员都存在较大变动的情况下，应该是最合适，也最符合深度分销逻辑的。

仔细考虑后，小张决定和总部销售管理部的负责人，也是本次项目的负责人，好好谈一谈。小张知道，要说服客户并不容易，因为他们是快消品行业最顶尖的企业，一直都是他们指导供应商，从来没有供应商指导过他们。

### 5. 梳理系统集成

大企业往往存在多套"现有系统"，而它们也可能影响到 SaaS 系统的设计和部署，包括两种情况：

- 现有系统将被新 SaaS 系统替代。

- 现有系统将与新 SaaS 系统集成。

小张详细询问了用户对现有分销管理系统的评价，他发现，用户对现有系统的反应迟缓、操作复杂怨气很大。毫无疑问，用户体验将是这次设计的重点，因为用户一定会将新 SaaS 系统与现有系统进行对比。

小张也详细了解了需要与新 SaaS 系统集成的现有系统，其中最重要的是客户的 Oracle ERP 系统。小张明白，了解集成系统的业务流程和表结构非常重要，否则在集成的时候，流程或者数据接口就会出现问题。

比如，在小张公司原有的 SaaS 系统中，允许一个订单行的商品存在多个单位（比如 3 箱和 8 瓶）。系统按照"录入单位"进行数据存储：比如销售订单行录入了 3 箱和 8 瓶 A 商品，虽然 6 瓶等于 1 箱，但是仍然按照 3 箱和 8 瓶存储在一个订单行，不会进行换算，也不会拆分为两行。这样处理主要是便于经销商核对实物，即："8 瓶"和"1 箱和 2 瓶"在实物上是不同的。自动换算或者拆行，都可能影响用户体验。

但是，在客户的 Oracle ERP 系统中，一个订单行只有 1 个单位。而且，不管订单行录入什么单位，最终都要换算成"基本单位"进行存储，同时也会保留录入的单位。比如录入了 60 瓶，系统会换算为 10 箱（6 瓶等于 1 箱），并根据 10 箱进行后续的供应链和核算处理。小张意识到，新的 SaaS 系统也有必要引入"基本单位"的概念，并对订单行进行单位换算和存储，否则和 Oracle ERP 的集成将会遇到麻烦。

## 6. 小结

经过一周的调研，小张认为已经对客户的相关业务和系统有了较为全面、深入的认识。于是，他提前约了客户的项目负责人，将梳理的调研文档与客户进行了逐一沟通，并对其中的一些细节问题进行了补充和纠正。和传统软件项目不同，小张并没有要求客户对文档进行签字确认。小张知道，在 SaaS 项目中，产品经理需要承担起更多的责任——因为这个项目最重要的意义，并不在于服务好某一个特定的客户，而在于打造一个真正优秀的 SaaS 产品，从而服务千千万万的客户。

# 4.4 整体方案

## 4.4.1 方案概要说明

业务梳理完成后，接下来，小张需要制定产品方案，并形成原型设计，以便 UI 和开发人员能够正式开展工作。小张决定首先制作整体方案，他主要基于以下两方面的考虑：

- 对于产品经理来说，整体方案是详细方案的基础。

- 对于客户和其他同事来说，整体方案能帮助尽早发现整体架构层面的问题。

小张认为，整体方案应该包含以下四个部分：

- 方案概要说明：由于产品目标客户明确，并签订了合同，因此方案概要说明主要是对客户痛点进行阐述，并说明产品如何解决这些问题。

- 整体方案流程图：通过整体方案流程图，可以"鸟瞰"整个方案流程，从而确认流程不存在错漏。

- 应用架构设计：应用架构设计可以明确产品包含的模块，以及模块之间的关系。有利于产品经理和研发人员分工，也有利于对产品功能范围初步达成一致。

- 多组织架构设计：由于客户是年销售额高达百亿元的集团型企业，对于数据权限管理，以及分公司之间、部门之间和经销商之间的数据安全性有着很高的要求，因此有必要对多组织架构进行单独设计和确认。

小张在"方案概要说明"中重点阐述了客户的主要诉求，并且说明了他们将如何满足客户诉求。以下为重点内容节选。

1）客户主要诉求

作为快消品行业知名品牌商，客户主要采取了 KA 直销和深度分销模式（具体说明参见 4.2.1 节）。在本次项目中，客户期望对这两种模式的分销业务进行管理，并重点解决销售人员外勤作业效率问题，以及销售过程管理问题，最主要的是销售人员拜访计划自动生成——给销售人员分配相应的拜访路线，并结合拜访频率等信息，自动生成每日拜访计划。

其他具体说明略。

2）重点方案说明

本次项目将提供商品管理、价格和促销管理、门店管理、经销商管理、销售人员管理、拜访管理、采购订单管理、销售订单管理、物流管理、客户信息管理等模块，全面满足客户的各项诉求。其中：

- 拜访管理模块将支持拜访路线管理，并支持将路线分配给具体的销售人员。

- 客户信息管理模块将支持拜访频率管理，可以根据所在商圈、客户等级等信息，给不同客户自动分配合理的拜访频率。

最终，结合销售人员的考勤安排等，系统将自动生成销售人员每日拜访计划，并支持管理人员调整。

其他具体说明略。

## 4.4.2 整体方案流程

对于小张来说，整体方案流程图除了可以确认整体方案的逻辑与范围无误，也是和其他同事沟通和分工的重要基础。毕竟，产品经理最重要的工作之一，就是帮助团队其他成员准确无误地理解整个方案。

由于项目涉及业务较为复杂，整体方案流程图分为了多个流程图，下页图所示是"深度分销"模式下的整体流程图。

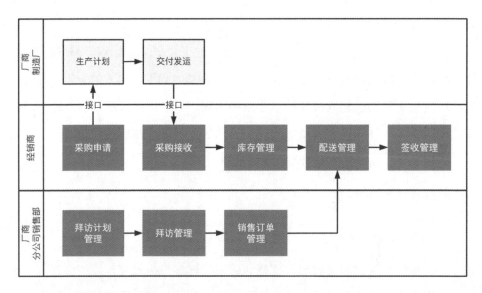

流程说明如下表所示：

| 序号 | 任务 | 说明 |
|---|---|---|
| 1-1 | 拜访计划管理 | 销售主管提前为销售人员制订拜访计划 |
| 1-2 | 拜访管理 | 销售人员根据当天拜访计划拜访门店，并完成和店主打招呼、整理货架、盘点、协商建议订单等拜访工作 |
| 1-3 | 销售订单管理 | 销售人员和店主确认后，录入销售订单并提交 |
| 2-1 | 采购申请 | 经销商根据系统建议，修改后生成采购申请，并通过接口传递到厂商的 Oracle ERP 系统 |
| 2-2 | 采购接收 | 厂商 Oracle ERP 系统发货后，经销商可以查询发货状态，并进行采购接收 |
| 2-3 | 库存管理 | 经销商通过系统查询库存现有量，并进行盘点等操作 |
| 2-4 | 配送管理 | 收到厂商销售人员提交的订单后，经销商进行发货和配送操作 |
| 2-5 | 签收管理 | 门店老板对货物进行签收和付款，也包括应收款管理 |
| 3-1 | 生产计划 | 总部收到经销商采购申请后，Oracle ERP 系统会生成生产计划 |
| 3-2 | 交付发运 | 总部 Oracle ERP 系统交付发运后，通过 SaaS 系统通知经销商 |

通过整体流程图，我们能够看到整个方案涵盖了从采购、库存到拜访和销售的所有核心业务。使用系统的用户，除了分公司销售部的员工，还包括经销商的员工。另外，如上述流程所示，小张团队的产品需要与客户的 Oracle ERP 系统打通。这样，负责采购模块的产品经理以及开发团队，就可以提前讨论对接方案。

### 4.4.3 应用架构设计

整体方案流程图更多是从业务视角来表述整体方案，但是小张还需要从研发视角来表述整体方案，这样研发同事才知道到底要做什么。由于公司已经有一套针对快消品行业的分销 SaaS 系统，小张需要考虑哪些模块应该复用，哪些模块需要全新开发。首先，小张分析了模块复用的优劣势：

（1）复用的优势：首先，可以充分利用原有资产，后续迭代也能减少重复开发；其次，由于共用一套表结构，未来如果要打通"面对经销商的 SaaS 系统"与"面对厂商的 SaaS 系统"，打通的难度将大大降低。

（2）复用的劣势：首先，由于一个功能需要满足更多不同类型客户的需求，产品设计难度大大增加；其次，不同类型的客户对功能有不同的期望，多方兼顾的产品设计，可能会影响用户体验。

基于以上考虑，小张设计的最终应用架构图如下。

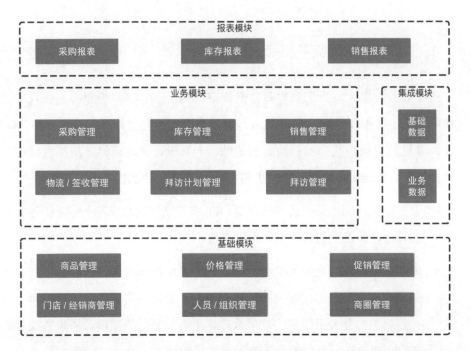

* 尽量复用已有的基础模块。首先，对这些模块的操作都是低频操作，用

户体验问题影响相对不大，产品设计难度也没那么大。其次，考虑到未来如果把两个 SaaS 系统打通，共用基础数据模块肯定能大大降低打通的难度。

- 开发之前没有的基础模块。由于原有 SaaS 系统的客户主要是经销商，并不需要单独的"促销管理"和"商圈管理"模块，因此新的 SaaS 系统将新增这两个模块。

- 开发新的业务模块和报表模块。首先，对这两个大模块的操作都是高频操作，客户对用户体验要求很高，如果复用现有模块，很可能影响客户工作效率，导致客户投诉。其次，和原有 SaaS 系统的目标客户群体相比，新 SaaS 系统的目标客户群体的业务差异很大，如果复用之前模块，整个产品的改造难度将很大。

- 开发新的集成模块。原有 SaaS 系统没有设计集成模块，本次也将全新开发。

## ◉ 4.4.4 多组织架构设计

由于业务规模大，组织架构和数据权限较为复杂，客户很担心小张设计的系统能否满足数据安全性方面的要求。小张也明白，对于针对大型企业的 SaaS 产品，多组织架构是几乎所有功能的基础，一旦设计出现疏漏，后期改造的代价就会很大。根据实际业务需求慎重思考后，小张决定把组织分为三类：

- 总部组织：比如总部销售管理部、IT 部。这一类组织并不涉及实际业务的管理，但是他们需要全局组织权限。

- 内部业务组织：比如上海分公司。这一类组织负责具体的业务，并且他们拥有自身组织的数据权限。比如上海分公司销售部的同事需要查看所有归属上海分公司的销售订单数据，上海分公司物流部的同事需要查看所有归属上海分公司的待发货和已发货数据。

- 外部业务组织：比如上海分公司负责某商圈配送的经销商。这一类组织负责具体的业务，他们也拥有自身组织的数据权限。比如A经销商负责A商圈，那么A商圈的门店信息、订单信息和物流信息等，A经销商都需要查看。外部业务组织比较特别的地方在于，归属于外部业务组织的账号，将被判定为外部账号，只能申请或分配特定功能，比如"经销商-采购申请"功能等。同时，外部业务组织必须挂靠在内部业务组织下面，并且该内部业务组织将共享外部业务组织的所有数据权限。

为实现业务组织之间数据相互屏蔽，小张决定，抽象出"利润中心"的概念，所有的门店、价目表、经销商和销售订单等数据，都必须归属于一个"利润中心"。这样，如果某个员工被分配了某个"利润中心"的权限，他就拥有了归属于该"利润中心"的所有门店、价目表、经销商和销售订单等数据的权限。

再结合功能权限，比如物流部员工只分配物流相关功能，这样，他们虽然有完整的数据权限，但是仍然看不到价目表等非物流信息。

当然，考虑到一个人可能会被分配多个"角色"，比如上海分公司的物流部员工张三，暂代了成都分公司的物流部经理，则可以把"利润中心"先分配给"角色"，再把多个"角色"分配给员工，如此就能实现最复杂的数据权限需求。逻辑示意图如下：

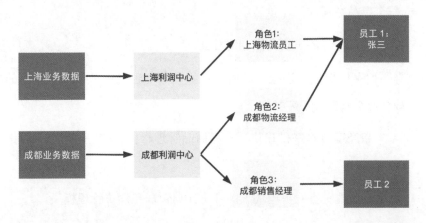

中间两列方块实际上起到了桥梁的作用，最终目的是将左边的"业务数据

权限"正确分配给右边的"员工"账号。

完成整体方案后，小张首先组织团队的产品经理和核心研发人员进行了讨论。大家达成一致后，小张约了客户的项目负责人，将整体方案和客户进行了沟通确认。小张明白，应该抓住一切机会多和客户沟通。一方面，产品经理需要通过沟通去发现潜在问题；另一方面，客户也需要通过和产品经理沟通，对产品方案能否支撑业务，以及是否满足项目期望进行确认。

## （4.5） 详细方案

### ⬡ 4.5.1 重点方案说明

整体方案编制完成后，接下来，小张需要完成详细方案编制。

1）任务分工

考虑到本次产品包含多个模块，从0到1设计以及迭代设计的工作量都较大，小张首先进行了分工，分工的原则主要有两个：

- 每个产品经理的工作量适中。

- 每个产品经理的负责范围相对独立。

这样不但可以保证产品经理有时间做好产品，也能保证他们有足够的成长空间。最终，小张的分工方案如下：

- A产品经理负责基础模块（包括商品管理、价格管理和门店/经销商管理等）。

- B产品经理负责业务模块下的拜访计划管理和拜访管理模块。

- C产品经理负责业务模块下的采购管理和库存管理模块。

- 小张自己负责销售管理和物流／签收管理模块。

- 另外，由于报表模块和集成模块与业务高度相关，小张决定由各模块产品经理负责对应的报表模块和集成模块。比如，负责采购管理模块的 C 产品经理，也同时负责采购管理报表，以及采购管理模块与客户 Oracle ERP 系统的集成。

2）详细方案包含的内容

为了保证详细方案的质量，小张规定每个模块的详细方案包含以下内容：

- 业务重难点解决方案说明：在进行需求调研时，已经梳理了各业务模块存在的重难点。在编制各模块详细方案时，有必要就业务重难点的解决方案进行说明，这样大家就可以快速抓住方案的重点内容。

- 详细方案流程：即使用系统以后，新的详细业务流程。

- 产品原型设计：包括产品的页面和详细逻辑。小张规定，所有页面、字段、按钮、页面变化以及背后的处理逻辑，都必须在产品原型设计时详细说明。

3）客户的一个痛点

在需求调研时，小张发现了客户的一个痛点，即有极少数业务员在整理货架并拍照上传环节存在弄虚作假，需要人工对照片进行检查，工作量大且易错漏（具体见 4.3.2 节"梳理业务流程"部分）。

在内部讨论会议中，一位产品经理提出，可以用 AI 技术来辅助判断。即通过图片识别算法，将疑似作假的图片挑选出来，然后再交给人工处理。如此，需要检查的照片可能只有全量检查的1%。他进一步提出，有开源的算法模型可以使用，只需要找到足够的图片来训练就好。

毫无疑问，AI 是 SaaS 产品的未来，小张非常开心地采纳了这个建议。在技术人员的协助下，小张团队采用了某国际厂商的算法模型，通过大量图片训练以后，证明确实可以在不降低筛查质量的前提下，减少 99% 的人工检查量。因此，小张在"重点方案说明"章节，对该方案进行了简要说明：

为了降低虚假照片的检查工作量，我们引入了图片识别算法。在"图片管理"页面，选择一定范围的图片后，可以先由系统识别出疑似虚假图片，再导出到本地进行人工二次筛查。经测试，该功能对虚假照片的识别率达到 99.99%。

## 4.5.2　详细方案流程

详细方案流程可以从业务管理视角呈现产品的使用效果，便于我们检查页面和逻辑是否存在遗漏。以门店拜访（KA 直销模式下）为例，详细方案流程如下图所示：

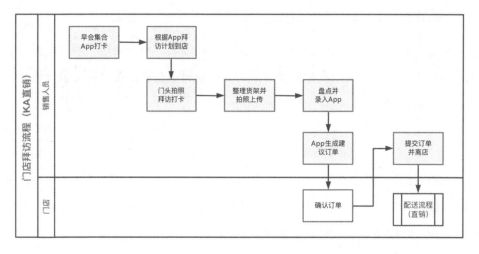

流程说明如下表所示：

| 序号 | 任务 | 说明 |
|---|---|---|
| 1 | 早会集合 App 打卡 | 早上 8 点，销售人员到公司集合开会，通过 App 定位打卡 |
| 2 | 根据 App 拜访计划到店 | 销售人员根据 App 的拜访计划和拜访路线，依次拜访门店 |
| 3 | 门头拍照拜访打卡 | 到店后，销售人员通过 App 进行拜访打卡，打卡时需提交包含门头的照片 |

续表

| 序号 | 任务 | 说明 |
|---|---|---|
| 4 | 整理货架并拍照上传 | 销售人员对货架和冰柜进行补货和整理，并通过 App 拍照提交整理结果 |
| 5 | 盘点并录入 App | 销售人员对门店存货进行盘点，将盘点结果录入 App |
| 6 | App 生成建议订单 | 系统根据盘点结果数据、门店购买历史数据等，自动生成建议订单数量，销售人员可以手工调整 |
| 7 | 确认订单 | 店主确认订单数量 |
| 8 | 提交订单并离店 | 销售人员在 App 提交订单后，离店前往下一家门店 |

## 4.5.3 产品原型设计

梳理清楚详细方案流程，接下来就是进行产品原型设计。下图所示是小张根据门店拜访（KA 直销模式下）的详细方案流程绘制的销售订单原型图，右边还有详细的原型设计注释。

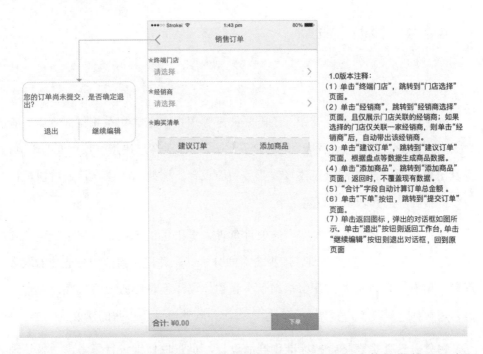

小张对原型设计注释的详尽程度要求很高，这主要源于他早期的职业生涯经历。刚毕业的时候，小张的原型设计注释也很简单，但是经常会遗漏一些细节，

等测试的时候再补救，不但增加了开发成本，还加大了上线风险。而详尽的原型设计注释虽然看起来有点啰嗦，但却可以帮助产品经理不遗漏每一个细节。而且因为减少了很多不必要的沟通，开发人员可以专心地完成整个开发过程，因此也提高了开发效率。

另外，小张还要求，一个模块的迭代记录都要基于一个原型设计文件。如此，不但有利于问题追溯，也有利于工作转交。迭代记录示例如下表所示（由于是新设计的产品，目前只有原始版本的内容）：

| 版本号 | 设计日期 | 版本内容 | 更新页面 | 备注 |
|---|---|---|---|---|
| 1.0 | 2022-01-04 | 原始版本 | 工作台<br>销售订单<br>发货单<br>回单<br>打印模板<br>系统参数 | 销售订单需嵌入拜访页面 |

## 4.5.4　其他方案

### 1）管理报表方案

除了产品页面和逻辑设计，还需要补充管理报表方案和系统集成方案。管理报表方案虽然页面设计简单，但是业务逻辑复杂，对客户决策有较重要的影响，一旦出现问题，甚至可能导致修改业务功能设计。因此，小张在调研阶段就同步分析了客户的管理报表逻辑。

经过仔细分析，小张向客户的项目负责人提出了销售业绩系列报表可能存在的问题（见 4.3.2 节"调研管理报表"的分析），并建议修改历史业绩的取数逻辑。虽然项目负责人一开始拒绝了小张的建议，但是小张没有气馁，他耐心给客户解释，最终客户也明白了问题所在，并欣然接受了小张的建议。

另外，管理报表是否按标准化产品设计，小张也仔细进行了考虑。虽然理论上，管理报表可以设计成标准化产品，但却需要投入巨大人力。同时，对于分销管理 SaaS 产品，客户更在意的是系统对一线业务的支撑，管理报表功能并非客户购买 SaaS 产品的核心原因。因此小张决定，暂时通过为客户量身定制报表来满足客户的需求。

### 2）系统集成方案

小张还牵头组织了对系统集成（系统间流程打通）方案的讨论，考虑到大企业都有成熟的 ERP 系统，比如 SAP、Oracle、用友和金蝶等，大家一致同意做成标准 API，减少后期其他项目对接的工作量。小张组织产品经理将 API 需要涵盖的表单和字段提交给技术人员，并由技术人员负责 API 的开发工作。

### 3）小结

详细方案完成以后，小张首先组织了产品部内部讨论，并要求各产品经理与研发人员进行了沟通确认。然后，他也约了客户项目负责人，就详细方案进行了沟通确认。最后，小张发起了研发评审流程，开发、UE、测试和客户成功部的同事们一起对产品方案进行了评审，剩下的就是开发跟进工作了。

到这里，一个完整的 SaaS 产品从 0 到 1 的设计方案就正式完成了。

# SaaS 产品经理进阶

SaaS 产品经理与内部 B 端产品经理的核心差异，就在于 SaaS 产品经理的产出直接决定了公司的营收乃至公司的未来；而内部 B 端产品经理则更多服务于内部团队，不直接产生营收。因此，相对于内部 B 端产品经理，SaaS 产品经理需要具备更多的商业思维。本章带着你深入学习 SaaS 的战略、策略以及差异化竞争力等内容，帮助你成为与 CEO 平等对话的产品经理。

# 5.1 SaaS 战略分析

## 5.1.1 什么是SaaS战略

什么是战略呢？营销大师特劳特说：战略就是定位。3.1 节讲竞品分析时也讲到了战略分析，那是对竞品定位的分析，而本节要讲的则是对自身定位的分析。一家优秀的 SaaS 公司，一定有着非常清晰的商业定位。定位的理论也不复杂，实际上就是回答以下 5 个问题：

- 客户是谁？

- 客户有什么痛点？

- 我们的解决方案是什么？

- 为什么客户会选择我们（而不是竞争对手）？

- 客户愿意持续付费吗？

战略的核心是选择合适的客户，并决定提供何种产品和服务。具体来说，SaaS 战略又可以分为市场战略、产品战略和运营战略，下面分别阐述。

## 5.1.2 市场战略

市场战略思考的是，满足什么客户的哪些需求。对于 SaaS 创业公司来说，一般需要从以下两个维度思考市场战略：

- 产品维度：主要分为业务垂直型 SaaS 和行业垂直型 SaaS 两个方向。

- 客户维度：主要分为大企业和小企业两个方向。

## 1. 产品维度

### 1）业务垂直型 SaaS

业务垂直型 SaaS 针对企业业务的某一个方向提供工具。比如北森针对的是 HRM，纷享销客则选择了 CRM。业务垂直型 SaaS 具有如下优势：

（1）业务垂直型 SaaS 产品往往会跨行业，因此也拥有较大的市场空间，估值上限也更高。比如国外的 Salesforce 就属于业务垂直型 SaaS，截至 2022 年 2 月 3 日，其市值已经超过 2200 亿美元。

（2）以强大的产品功能为核心竞争力，可以更好地发挥软件行业技术和经验优势，通过产品力形成护城河。而且，一旦 PaaS 能力成熟，也有机会切入大的行业，在软件能力上对行业垂直型 SaaS 形成降维打击（见下面关于"行业垂直型 SaaS"的介绍）。

但业务垂直型 SaaS 也存在如下问题：

（1）SaaS 产品的复杂度大大增加。企业管理一定是个性化的，特别是不同行业的管理风格，差异更是巨大。比如，互联网企业强调快速迭代，喜欢激励员工，以结果为导向；制造企业则强调标准化，喜欢抓执行，以过程管控为导向。不一样的管理风格必然导致差异化的管理需求，这就对 SaaS 的配置能力提出了更高要求。这也是为什么北森、纷享销客都很早就开始建设 PaaS 平台的原因。

（2）很难深入理解行业。深入理解行业是一个系统工程。一般来说，SaaS 公司交付给客户的价值主要包括 SaaS 产品、使用支持服务、行业方案与知识。这种多层次价值体系，决定了 SaaS 公司需要在产品、人才和知识三个方面不断进行行业积累，并持续投入，这样才算深入理解这个行业。这样的投入如果集中在少数行业还算可行，一旦涉及行业过多，难度就会大大增加。

也许有人会说，在传统软件时代，SAP 和 Oracle 不就有针对众多行业的解决方案吗？为什么 SaaS 做不到呢？这里面其实有两个关键问题：

- 一是 SaaS 软件的要求远远高于传统软件。比如，传统软件往往不重视用户体验，依赖培训进行用户推广；而具有互联网基因的 SaaS 软件则非常强调用户体验，因此产品设计的难度更大。同时，SaaS 软件的主阵地在移动端，也导致其设计难度远高于 PC 时代的传统软件。

- 二是行业解决方案这件事，传统软件巨头做得也不好。首先在产品方面，传统软件的行业化特点并不突出，交付仍然高度依赖二次开发；其次在人才方面，真正了解一线业务的实施人才流动很频繁，传统软件厂商往往更喜欢挖人，而不是自己培养。

（3）容易被巨头盯上。企业流程的部分基础环节，由于不涉及复杂的管理流程与协同，是比较容易实现标准化的。比如办公协同、电子签章等。但是这一类业务很容易被巨头盯上。比如腾讯刚投资了法大大（国内知名电子签章 SaaS 公司），转身就推出了自己的电子签章产品。因此，如何构建自身的护城河，是这一类 SaaS 公司的重要课题。

### 2）行业垂直型 SaaS

行业垂直型 SaaS 公司往往深耕一个大行业。比如 2020 年上市的明源云，已经深耕房地产行业近 20 年。行业垂直型 SaaS 具有如下优势：

（1）深入理解行业，而且随着对行业的理解和投入不断增加，容易构建起解决方案层面的竞争壁垒。随着其一站式行业解决方案的不断完善，特别是如果能够提供运营、咨询层面的服务，行业垂直型 SaaS 公司将构建起牢固的护城河。

（2）不易被巨头盯上。由于很多行业垂直型 SaaS 的市场天花板达不到巨头们的期望规模，反而避开了"巨头赛道"的威胁。

行业垂直型 SaaS 也存在几个不小的问题：

（1）销售规模受限。由于专注在一个行业，这一类 SaaS 公司的销售规模受到客户行业规模的较大制约。相对于美国企业，中国企业对云计算的投入本就不足，加上行业垂直型 SaaS 公司的产品和服务又深度绑定目标行业，因此很多行业垂直型公司都面临销售规模天花板的问题。以服务于某细分行业的一家 HR SaaS 公司为例，虽然已经是细分领域的龙头企业，但据其 CEO 估算，订阅费用的年收入规模很难突破一个亿。

（2）市场竞争激烈。由于产品复杂度相对较低，新厂商更容易切入行业垂直型 SaaS。比较典型的方式是 CEO 通过关系拿到一个大企业的项目，然后就可以通过这个成功案例，寻求该行业的更多机会。

更可怕的是，业务垂直型 SaaS 公司也可能切入行业垂直型 SaaS。以纷享销客为例，虽然属于 CRM 软件公司，但是由于建设了强大的 PaaS 平台，纷享销客可以以较低成本形成行业解决方案。比如，纷享销客就提供针对医疗健康行业的 CRM 解决方案，这必然挤占原有行业垂直型 SaaS 公司的市场空间。

（3）容易受行业周期影响。一旦所服务行业走下坡路，行业垂直型 SaaS 公司的收入就会受到较大影响。比如，2021 年下半年，在房地产行业全面转向去杠杆的大环境下，国内房地产市场持续转冷。深耕于房地产行业的明源云，股价也从 2021 年年初的高点跌去了约 3/4，且已经跌破了 16.5 港元 / 股的发行价（2022 年 01 月 31 日的数据）。

### 3）小结

总结来看，不管是业务垂直型 SaaS 还是行业垂直型 SaaS，都各有其优缺点，也都有成功的可能性。选择哪个方向，最关键的还是看创业团队的核心能力和资源。如果创业团队在某一个行业具有一定的积累，从行业垂直型 SaaS 切入就是一个不错的方向；如果创业团队在互联网产品方面具有很丰富的经验，又能找到好的机会，那么从业务垂直型 SaaS 切入是不错的选择。

## 2.客户维度

大企业和小企业的运作模式虽然类似，但是由于管理重难点不同，需求特点也有较大差异，SaaS 公司需要针对性地分别设计产品、营销和客户成功等多个环节。

### 1）服务大企业

大企业具有如下特点：

- 大企业往往度过了求生存的阶段，并且具备了一定的规模。由于各环节的投入都比较大，因此精细化运作是必要的。

- 对于业务管理，大企业有自己的方案，更多要求软件供应商提供工具类服务。

- 大企业流程复杂，同时内外部环境差异较大，因此需求往往比较个性化，也很难妥协，这就对 SaaS 产品的灵活性提出了较高要求。

总结来看，大企业的系统需求是全流程的，优点是资源丰富、基层执行力强，缺点是需求个性化、强势。

如果创业者决定切入大企业市场，就需要注意到，大企业的需求实际上可以粗略地切分为两个层面：

- 战略层和策略层：战略层需求主要是企业整体发展方向上的咨询需求；策略层需求则主要是企业具体业务解决方案的咨询需求。对于这两层，个人建议创业公司不要涉入太深。因为大企业的战略和策略都比较复杂，如果要提供这方面的服务，SaaS 公司就需要储备管理咨询方面的高端人才。但是，对于创业公司来说，早期更需要聚焦打造产品和抢占市场，如果贸然投入到管理咨询领域，会分散创业者的注意力，分流企业资源。

- 执行层与数据层：执行层需求主要是业务执行与运营管理方面的需求；数据层需求则主要是企业数据报表方面的需求。对于这一层，个人建议的策略是"工具升级，人才降级"。即聚焦提升 SaaS 产品能力，特别是 PaaS 能力，以满足大企业的个性化需求；同时通过服务的标准化和产品化，提高自动化水平，减少对人的依赖，从而提高服务效率，降低服务成本。

2）服务小企业

小企业具有如下特点：

- 小企业往往还在求生存的阶段，赢利是大部分小企业的主要诉求。内部管理当然也需要优化，但是由于缺人才缺资金，对成本很敏感，小企业并不追求很高的精细化管理。因此小企业对纯管理型SaaS往往投入不大。

- 小企业的一把手关注变革，执行效率很高，也愿意主动调整适应软件。同时，如果是很快能带来效益的SaaS软件，他们的购买意愿也比较强。

总结来看，小企业的系统需求在于某些关键流程的优化，优点是需求简单、愿意变通，缺点是资金人力不足、基层执行力较差。

另外，由于经营方式相对粗放，小企业在各个环节的优化空间都比较大，如果SaaS公司能够找到低成本解决企业问题的方法，那么就有可能实现快速规模化增长。

如果创业者决定切入小企业市场，那我们必须注意：小企业很难靠自己把SaaS工具用起来，并产生效益。其实任何一项变革的成功，都是"工具+人才"的组合效果。没有新的工具，就没有解决问题的新方法；而没有优秀的人才，新的工具也很难用起来。而小企业往往缺乏能够应用新工具的人才。

为什么很多SaaS公司做不好小企业市场？我个人认为，所谓"小企业死亡率高、付费意愿差"其实都是次要因素，最重要的原因还是在于，靠小企业自身，很难完成从"旧的经营方式"到"新的经营方式"的变革。给小企业提供管理咨询的方法也未必奏效，主要原因还是在于成本太高，而小企业付费能力和意愿也很有限。因此，SaaS公司需要找到一种标准化、低成本给小企业赋能的方法。比如，我们的产品能够帮助小企业解决业务痛点，同时又容易上手使用，对人才的要求也很低。

3）小结

综合来看，典型的大企业和小企业都很难做：

- 大企业容易产生价值，但需要的交付产品和服务都比较重；如果SaaS产品满足个性化需求的能力不够，SaaS业务的增长就比较慢，甚至会陷入亏损泥潭。

- 小企业对 SaaS 产品的要求相对较低，但是自身能力也不足，虽然可以通过为之提供服务来弥补，但由此导致的成本问题是一种沉重的负担。加上小企业的平均生命周期不长，最终可能导致从他们身上获取的 LTV（生命周期总价值）无法弥补获客成本和服务成本。

一种折中的选择是做中型企业。相对来说，它们的个性化需求较少，且具备一定付费能力，同时生命周期也很长，是相对优质的客户。京东物流提供的标准化 SaaS 服务，面向的正是这一类客户。

选择哪一类市场，显然没有标准答案，而是取决于对机会的洞察，以及自身的资源和能力。当然，我们也可以选择在一个领域站稳脚跟以后，再积极开辟第二战场。比如，从快消品行业扩展到耐消品行业，从小企业市场拓展到大企业市场，等等。

## 5.1.3　产品战略

本质上来说，SaaS 模式是一种新的供应模式：用更好的产品来满足客户的需求。因此，产品战略无疑是 SaaS 公司最核心的战略。根据产品形态的不同可以把产品战略分为四种，分别是工具型、管理型、业务型和平台型，下面分别介绍。

1）工具型 SaaS

工具型 SaaS 主要是面向公司日常运作、提高工作效率的产品。比如2021年热度很高的 RPA（机器人流程自动化），就是典型的工具型 SaaS。RPA 可以模仿人工操作，提高操作准确性，降低一线员工工作量。举例来说，在电商行业的返现红包场景下，RPA 可以根据订单备注信息，自动与用户沟通，并完成返现操作。根据某 RPA 厂商官网信息，"RPA 机器人可使流程处理成本降低约80%。绝大多数企业可在12个月内取得正投资回报。"

工具型 SaaS 的特点是什么呢？其优点是价值明显，客户接受度高，交付成本相对低。如果是行业通用型的 SaaS，增长速度和市场规模的想象空间都很大。

但也正是因为如此，工具型 SaaS 容易成为"巨头赛道"（在 5.1.2 节的"业务垂直型 SaaS"部分也提到过这一点）。

如果要在工具型 SaaS 领域创业，我建议创业者问自己一个问题：如果有一天巨头打过来，我的护城河在哪里？比如，让客户在 SaaS 系统中存储丰富的业务模型和数据，增加客户的迁移成本。

### 2）管理型 SaaS

管理型 SaaS 主要是管理业务流程、提高管理效率的产品。管理是企业的刚需，从传统软件时代到 SaaS 时代，管理型软件一直都是主要的产品方向之一。这一类 SaaS 主要包括 ERP、CRM 和 OA 等，比较知名的 SaaS 公司包括北森、纷享销客等。管理型 SaaS 公司一般面向大中型企业客户。（小微企业付费意愿低，会倾向于使用钉钉、企业微信等软件的免费版本。）

管理型 SaaS 有哪些特点呢？一是市场空间大。由于管理型软件是一个市场非常成熟的品类，企业认知度很高，加上产业互联网浪潮的到来，很多企业都有数字化转型的需求，因此市场空间颇为广阔。二是产品交付和后续服务重。由于企业内外部环境的差异，企业管理本身就是个性化的，比如不同的公司历史、不同的竞争环境都会塑造出不一样的制度和文化；同时，由于管理型 SaaS 创业公司大多面向大中型企业，就决定了产品交付和上线后的服务都会比较重。

如果要在管理型 SaaS 领域创业，个人建议一定要选好切入点。比如从某个行业切入，或者拿下标杆客户后，切入腰部市场。SaaS 的核心是标准化，如果选择了超出产品能力的市场，从而导致了过度定制化，SaaS 公司就得面临辛苦的肉搏战。当然，站稳脚跟以后，投入资金建设 PaaS 能力是有必要的，否则，公司很容易会面临增长的瓶颈。

### 3）业务型 SaaS

业务型 SaaS 是为交易服务的，通过将线下交易数字化（比如线下招聘会变为线上招聘平台），从而提高买卖双方的效率，对企业收入增加或成本降低产生直接作用。在香港上市的有赞就是典型的业务型 SaaS。根据有赞官网，它已经服务了 600 万个商家，提供的产品包括网上商城、门店引流等。下面的截图来自有赞官网：

业务型 SaaS 有哪些特点？首先，由于中国市场环境的特殊性，包括海量的中小企业群体，以及重营销轻管理的企业经营理念，业务型 SaaS 在中国的增长势头一直很迅猛。比如，2012 年成立的有赞，2018 年在香港上市，历时 6 年；2013 年成立的微盟，2019 年也在香港上市，同样历时 6 年。而 ERP、CRM 等管理型 SaaS 公司从成立到上市往往要经过十几年甚至更长。

其次，部分业务型 SaaS 的问题在于客户流失率居高不下，这主要是因为中小企业生命周期相对较短，同时，它们应用数字化软件的能力也不强。根据有赞财报（如下表所示），有赞在 2018 年和 2019 年，客户流失率都高于 26%，这并不是一个健康的数字。但是，如果能够真正帮助细分领域的客户实现业务转型，业务型 SaaS 将具备强大的黏性。我认识的一位业务型 SaaS 创业者，其公司的收入留存率远高于 100%（收入留存率定义请参考 5.2.3 节）。

| | 2017 年 | 2018 年 | 2019 年 |
| --- | --- | --- | --- |
| 营业收入（亿元） | 1.90 | 5.86 | 11.71 |
| 经营亏损（亿元） | −1.22 | −7.72 | −9.96 |
| 存留付费商家数 | 41 284 | 58 981 | 82 343 |
| 新增付费商家数 | 28 588 | 39 364 | 54 702 |
| 流失数 | / | 21 667 | 31 340 |
| 流失率 | / | 26.87% | 27.57% |

据悉，有赞和微盟也开始进入大企业市场，提供数字化营销解决方案。考虑到大企业的付费能力，以及数字化转型的大趋势，相信针对大企业的业务型 SaaS，会有较大的获利空间。

如果创业者希望进入业务型 SaaS 领域，个人建议可以从细分行业入手，这样就能够将行业经营能力与 SaaS 系统相结合，形成独特的竞争力。比如，数字化营销在中国方兴未艾，仍有大量传统企业迫切希望提升数字化营销能力。如果只是简单提供工具，就仍然会面临"客户用不起来并最终流失"的局面。我建议创业者选择自己有成功经营经验的行业，这样，我们就不仅可以提供 SaaS 工具，还可以提供运营支持，降低"客户用不起来"的风险。我给这种创业模式起了一个名字，叫作"经营能力溢出"。

4）平台型 SaaS

平台型 SaaS 更多是一种结果。比如，根据钉钉官网信息，通过提供办公协同等 SaaS 软件，钉钉已经吸引了 1900 万家组织使用（下图所示为钉钉官网截图）。吸引了大量 SaaS 公司入驻钉钉应用市场，自然就形成了平台。企业微信也是同样道理。

成功的平台型 SaaS 相比工具型、管理型和业务型 SaaS，具有更强大的竞争力，但是创业公司很难直接建设成平台型 SaaS。这是因为平台级产品需要丰富的买方和卖方资源，而相对于互联网巨头，这正是创业公司的弱点。

虽然目前 SaaS 平台是巨头的天下，但是我相信，随着 SaaS 生态的成熟，会出现更多垂直类 SaaS 平台。这就像有了淘宝和京东，仍然会有唯品会这样的垂直电商，以及小米有品这样的精选电商。对于创业者来说，不必刻意去追求成为平台。不断把产品和服务做深做透，完善自身的护城河，争取在一个领域、一个行业形成规模化，成为平台是自然而然的事情。

### 5）小结

4种产品战略并非相互排斥。实际上，几乎每一个SaaS产品都有2或3种产品形态。比如，电子签章虽然是工具型SaaS，但是它也需要提供流程审批等管理型SaaS功能；医美CRM系统虽然是管理型SaaS，但是它也可能提供互联网获客、耗材商城等业务型SaaS功能。

创业并没有一个标准的范式。洞察客户需求，并通过创新更好地满足客户需求，才是永远不变的打法。比如，不管是哪种产品类型，如果我们能够通过大数据和AI解决客户的难题，那么都有机会脱颖而出。

## 5.1.4　运营战略

运营战略思考的是，如何让客户能够通过使用SaaS产品获得更大的收益。与此同时，我们也能够随着客户的成功获得更多的收入和利润。

从理论上来说，同为互联网产品，SaaS也应该像C端产品一样，不需要培训，用户上手即可使用。比如iPhone、微信这款App，厂商都不提供人工服务。但是，毕竟C端产品满足的是个人需求，用户有很强的主动性去研究使用方法。同时，对于这些知名的C端产品，用户也能在互联网上找到大量使用方法。而SaaS产品则是满足企业的需求，员工在某种能程度上是"被迫"使用的。因此，就像管理变革需要外力推动那样，SaaS的上线也往往需要外力的帮助。

2019年，我做咨询顾问的A公司引入了电子签章，解决每个月频繁邮寄合同的问题。通过电子签章，可以节省90%的合同签订时间，加快企业资金回流速度。但即便如此，一个月下来电子签章的普及率也不到20%。后来A公司CEO对运营部门提出了要求，并要求每周汇报推广进度，这才很快有了起色。

电子签章还只是工具型 SaaS，管理型 SaaS 的推动就更困难了。特别是在中小企业，除非 CEO 亲自关注，否则管理型 SaaS 的应用都有很高的失败风险。

因此，对于 SaaS 产品的上线和使用，运营不是辅助工作，而是核心工作，必须上升到战略高度。对于 SaaS 创业公司来说，一般需要从以下两个维度思考运营战略：

- 费用维度：免费模式还是收费模式，对我们的运营策略有着决定性影响。
- 服务维度：纯 SaaS 模式、SaaS+ 模式、+SaaS 模式，不同模式会决定我们的运营内容。

### 1.费用维度

免费模式的核心思想是：羊毛出在猪身上——通过免费策略，聚集起大量用户，再通过增值服务或者电商业务获得收入。免费策略之所以如此深入人心，和微信、360 杀毒软件等 C 端产品的成功有着密不可分的联系。但是我们必须认识到：C 端产品不存在服务成本，这就意味着，他们每增加一个用户，边际成本可以趋近于 0。但是大部分 SaaS 很难做到这一点。

因此，SaaS 产品要想免费，必须符合两个条件：首先，服务成本必须足够低，能够快速增加客户数量；其次，客户能够直接从产品中获得价值，快速产生黏性。简单来说，就是像 C 端产品一样低成本、高成功率。

如果不符合以上两个条件，建议从一开始就向客户收费。其实收费模式还有一个好处：一开始就能够验证 SaaS 产品是否有竞争力。免费模式可能会造成虚假的繁荣。

### 2.服务维度

#### 1）纯 SaaS 模式

受到传统软件时代的影响，同时因为国外纯 SaaS 公司的成功，中国早期的

SaaS 公司几乎都是纯 SaaS 模式：提供软件，帮助客户把软件用起来，然后推动客户续约。但是，这种模式的弊病很快就出现了。

首先，中国企业在云服务方面的投入意愿不高。根据美国国家软件与服务公司协会（NASSCOM）在 2019 年的报告，中国 IT 支出仅占 GDP 的 1.4%，其中只有 2.7% 用于云服务。与此相比，美国 IT 支出占 GDP 的 4.7%，其中 11.4% 用于公共云服务。也就是说，2019 年美国在云服务方面的投入占比（占 GDP 比例）是中国的约 14 倍。其次，中国 SaaS 公司大多还在创业阶段，面临的竞争也非常激烈。这就意味着，纯 SaaS 公司虽然也有赢利的可能，但是很难实现规模化赢利。

2）SaaS+ 模式

鉴于上述纯 SaaS 模式的弊病，近几年，SaaS+ 模式的运营战略逐步成为热点。SaaS+ 模式往往出现在行业垂直型 SaaS 公司，本质是 SaaS 公司基于对行业的理解提供的增值服务。比如，微盟针对餐饮类中小企业提供 SaaS+ 代运营的服务，领健针对牙科门诊提供 SaaS+ 耗材电商的服务。

SaaS+ 模式一方面增加了 SaaS 公司的收入，另一方面也加深了 SaaS 公司的护城河。因此，我预计，SaaS+ 模式将成为行业垂直型 SaaS 公司的重要转型方向。

3）+SaaS 模式

在这里，我个人提出一种 +SaaS 模式的运营战略，即首先自己完成数字化转型，再通过 SaaS 模式"溢出"自己的运营能力，帮助其他企业实现数字化转型。比如，链家成功改革了传统的房屋中介运营模式，打造了更高效的房屋中介系统。其后，链家把这套系统开放给整个中国房屋中介行业，帮助更多传统房屋中介实现转型，这就是链家经营能力的"溢出"。这种战略如果成功了，就会成为产业互联网。

4）小结

不管是哪一种运营战略，我想强调的是，不能脱离产品去谈运营。好的运营战略一定是结合了先进产品的使用。就好像帮助客户引流，先进的公司一定会尽可能借助数字化手段去引流，而不是沿用以前的老方法。毕竟创新，就是用新方法解决老问题。

我们一定要用产品思维做运营，就像神策CEO桑文锋所说："把咨询工作服务化，把服务工作产品化"。实际上，用传统手段把运营做得再好，在这个数字化时代，你也是被颠覆的对象。

## 5.2 SaaS策略分析

SaaS策略可以理解为实现战略的方式。具体分为产品策略、增长策略和赢利策略。

### 5.2.1 SaaS产品策略

我和很多SaaS创始人交流过，大家都认同一个观点："产品是SaaS公司最基础也是最核心的竞争力"。虽然产品设计的细节对产品质量也有着重大影响，但更能够决定产品成败的，无疑是产品研发的策略。个人将其总结成以下7个策略，其中前4个为核心策略，后面3个则是SaaS产品的不同阶段需要慎重对待的策略。

#### 1. 切入策略：寻找传统软件的薄弱点

从本质上来，SaaS是用"新的产品"去替换"老的产品"，即"新供应"。那么，新的产品需要多好，才能替换老的产品呢？其实也不难理解，需要做到：新产品价值 > 旧产品价值 + 替换成本。

对于企业客户来说，上线一个传统的管理系统的成本很高。以我曾经负责的一个千万级（人民币）项目为例，其实施成本至少是产品购买成本的5倍，这还没有计算企业自己投入的人力成本。为什么中国SaaS在移动互联网时代才真正崛起？就是因为传统软件在移动互联网时代的用户体验实在太糟糕了，这才让 SaaS 带来的新产品价值，有可能超过传统软件价值 + 替换成本。因此，SaaS 产品研发的第一策略就是：从传统软件薄弱的点切入。

### 2. 设计策略：标准化

如果只是更好地满足了客户需求（比如更贴合客户需求的功能、极致的用户体验等），但不能实现低成本、规模化扩张，就算不上好的 SaaS 产品。而要实现这一点，关键就在于标准化。

标准化意味着较高的毛利率。以上市 SaaS 公司微盟为例，在 2021 年上半年，其 SaaS 订阅收入与增值服务收入毛利率高达 79.2%，如下图 [①] 所示：

| | 截至6月30日止六個月 | | | |
| | 2021年 | | 2020年 | |
| | 根據<br>財務報表<br>% | 剔除<br>破壞事件<br>% | 根據<br>財務報表<br>% | 剔除<br>破壞事件<br>% |
|---|---|---|---|---|
| 收入增長總額 | **44.5** | **31.7** | 45.7 | 59.9 |
| －數字商業 | **107.6** | **72.8** | 22.4 | 47.0 |
| －數字媒介(1) | **(14.4)** | **(14.4)** | 77.3 | 77.3 |
| 毛利率(1) | **55.4** | **55.4** | 44.0 | 49.0 |
| －數字商業 | **79.2** | **79.2** | 81.4 | 84.5 |
| －數字媒介 | **1.5** | **1.5** | 9.1 | 9.1 |
| 經調整除利息、稅項、折舊及攤銷前利潤率(2) | **(0.6)** | **(0.6)** | 10.9 | 10.9 |
| 淨利率(3) | **(42.2)** | **(42.2)** | (57.0) | (57.0) |
| 經調整淨利率(4) | **(8.6)** | **(8.6)** | 5.0 | 5.0 |

同时，标准化也意味着上线过程更简单，投入人员更少，上线速度更快，扩张边际成本更低，更有利于规模化。因此，标准化是 SaaS 商业模式的精髓，也是 SaaS 产品研发的核心策略之一。

当然，从本质上来说，每个客户都是独一无二的，特别是大企业，个性化需求更是难以妥协。即便是 Salesforce，虽然有强大的 PaaS 平台，项目交付仍然避免不了二次开发。因此，个人建议，对于中小企业，应该维持 100% 的标准化交付；而对于大型企业，可以有不超过 20% 的定制化，但是必须和标准化功能相互隔离，并在 PaaS 平台搭建完成后，逐步用 PaaS 能力进行替换。

---

① 该图是微盟公司的财报截图，因为微盟是香港上市公司，所以财报中是繁体字。

### 3. 资源策略：单点突破

传统软件时代，对产品细节的要求相对较低。一方面，在传统软件时代，企业更强调"管理出效应"，对员工的赋能和激励相对较少；另一方面，传统软件重实施，可以在上线前通过二次开发弥补产品的缺陷。

在 SaaS 时代，企业越来越注重提高员工效率、激发员工活力。同时，由于不支持大规模二次开发，这就意味着产品的缺陷很难在短期内得到修复。如果产品不做到极致，除了用户会抱怨，还可能导致客户放弃续费。

大部分初创期 SaaS 公司的资源都是有限的，这里的"资源"既包括资金、优秀的产品经理，也包括初创团队的注意力。因此，聚焦于一个单点场景，围绕这个场景把功能做到极致，是 SaaS 产品研发的第三个策略。即便度过了从 0 到 1 的阶段，也建议 SaaS 公司在拓展新的产品边界时，采用单点突破的思路。通过一个一个强力的单点，最终构成公司的产品矩阵。

2016 年我负责订单管理 SaaS 产品的时候，曾经和 CEO 讨论过要不要做财务模块。起因是不少中型企业客户提出，希望我们能够提供财务核算模块。由于和订单管理系统天然集成，一方面方便了财务核算，另一方面也便于财务到业务的追溯。但是当时我坚决反对扩展到财务模块，其一是考虑到财务模块的建设需要巨大的投入，而传统财务软件其实是相当成熟的产品，即便最终替换了传统财务软件，考虑到不小的替换成本，客户获得的新价值也远低于公司的投入；其二在于客户选择我们并不是为了方便财务部门的工作，更多是为了实现移动抄单，以及对销售人员的移动化管理。在初期把拳头产品打造得足够好，远远好过对次要功能进行扩展。

对于那些不懂得单点突破，轻率全面铺开的创业公司，最终的结果可能就是 SaaS 产品充斥着一大堆欠缺价值的功能。它们除了占用大量资源，也会导致后续的产品迭代和扩展受到不必要的钳制。

### 4. 规划策略：着眼长远

虽然在产品早期需要单点突破，但是长远的规划仍然是有必要的。原因在于，如果每一次功能迭代都只考虑眼下的需求，那么就很可能出现前期上线的功能在后期大改，甚至废弃重做，即给产品做"改法"和做"减法"。

不同于内部 B 端产品，SaaS 产品的迭代非常消耗研发资源。根据我的经验，满足同样范围的需求，SaaS 研发资源的投入是内部 B 端产品的 3~7 倍。因此，长远规划的目的，就是多做"加法"，少做"减法"和"改法"。从而节约宝贵的研发资源，加快产品迭代速度。

要实现这一点，除了要求产品经理具备一定的规划能力，也要求产品经理对市场存在敬畏心：即承认自己规划的功能可能在很长一段时间内都不会被使用。因此，大部分规划功能都需要对应"明确的客户需求"。即便是创新功能，也需要对应现实中急需被解决的问题。同时，和技术架构师仔细沟通对未来的规划，提前在技术架构上做好准备也非常重要。

### 5. 原型阶段策略：与用户共创

原型阶段即产品的规划阶段。这个阶段要做的是需求分析和产品设计，还没有正式投入开发。

在原型阶段，最重要的工作是制定好市场战略、产品战略和运营战略（参见5.1 节），回答一系列问题：我们服务谁？解决什么问题？用哪种产品形态？提供哪些服务？等等。除了明确战略，原型阶段还需要尽可能与用户共创。

在原型阶段，我们应该找到第一批种子用户：

- 对于针对中小企业的 SaaS 产品，需要找到一批用户来验证想法，并且通过免费试用等方式，让用户和我们一起进行产品共创。

- 对于针对大企业的 SaaS 产品，建议找一家标杆客户，以它为原型来研发产品。原因在于，B 端软件的本质是管理理念和管理方法，和标杆客户共创会让我们具有更高的起点。另外，标杆客户也会成为我们的招牌，行业追随者往往愿意采用行业领头羊认可的管理工具。

有人可能会想，产品还没有出来就去找客户，会不会太着急？但实际上，在原型阶段如果不和客户充分沟通，那么后期的返工将是大概率事件。

### 6. MVP阶段策略：做好需求管理

MVP阶段即产品从0到1的阶段。这个阶段将完成最小可用产品的研发，并投入市场，以确认能满足客户需求。

在MVP阶段，我们已经正式推出了产品，并获得了第一批付费客户。但是产品往往还需要打磨，因此需要建设好需求管理机制。

#### 1）需求获取

产品经理可以通过直接或者间接的方式获取需求。

首先建议产品经理每个月要固定去现场调研。因为只有在一线，才能看到用户最真实的使用状态，并切身感受到他们的抱怨。实际上，我一直把现场调研作为产品经理的月度KPI。其次建议产品经理建设自己的核心用户群体。比如我做产品经理时，就会亲自维护10个核心用户，响应他们的需求，直接为他们服务。当然，核心用户需要是企业的核心人员或者决策层，这样他们才更有可能提出宝贵的意见。这一点在2.1.3节的"和客户做朋友"部分也讲过。

除了直接获取需求的渠道，间接获取需求的渠道也很重要。销售部门和客户成功部门分别代表了潜在客户和老客户的需求。建议开发一个简单的需求管理页面，通过这个页面，一方面，其他部门可以很方便地给产品经理提交客户的需求；另一方面，也方便产品经理维护需求处理的状态。如果是合理的需求，产品经理需要标记后期的计划；如果是不合理的需求，则需要说明不合理的原因。产品经理必须明白：不管是客户还是同事，只要是给我们提需求的人，都是我们的盟友。我们在坚守原则的同时，也要保护好盟友的积极性。

#### 2）优先级管理

需求管理的另一个重点是优先级管理。首先，需要甄别需求是否合理。"问五个为什么"是甄别需求合理性的重要方法。其次，需要对需求进行排序。在MVP阶段，除了按照 RICE 原则等常规方法进行优先级排序，还需要评估需求与产品核心功能的关系。

原则上，早期的功能迭代都应该围绕着产品核心功能。"不断增强核心功能的竞争力"，是 MVP 阶段的重要策略。

### 7. PMF 阶段策略：谨慎扩张

PMF 阶段即产品从 1 到 N 的阶段。在这个阶段，产品已经得到客户的认可，我们需要迅速扩大销售规模，以确认产品具有广阔的市场空间。

随着产品和市场的不断推进，一方面，我们已经围绕着核心功能打造了有竞争力的产品；另一方面，我们也在一个细分领域站稳了脚跟，并且获得了一定收入。但是，公司的销售规模仍然相对有限。因此，我们还需要进一步扩大销售规模，证明公司具备规模化潜力。而扩大销售规模的途径，可以按照一横一纵两个方向来进行（在 4.1 节的例子中就用过这个方法），如下图所示：

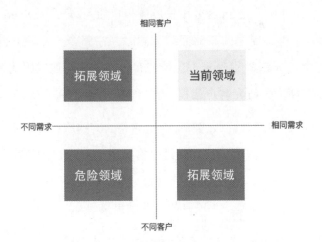

比较稳妥的扩张方式，应该尽量围绕自身的核心竞争力和资源，进行相关的多元化。包括挖掘现有客户群体的需求，增加新的产品，比如从用户行为数据分析产品到数字化营销产品；或者为现有产品寻找新的客户，比如从快消品经销商扩张到快消品品牌商。值得一提的是，为了降低产品的复杂度，面对不同类型的客户，可能需要划分出独立的产品线。

在进行市场拓展时，我们还必须考虑竞争对手的情况。一个市场再大，如果已经有强大的竞争对手，那么进入都需要小心谨慎；而另一个市场虽然较小，但如果拥有独特的核心资源，那么也可以考虑进入。

## 5.2.2　SaaS 增长策略

我认为，SaaS 产品经理和其他 B 端产品经理最本质的区别，就在于 SaaS 产品经理可以为商业结果负责。原因有两点：

首先，产品是 SaaS 公司的核心。如果产品定位有问题，营销部门再努力，获客和签单都很困难；而如果功能设计无法匹配业务场景，那么客户成功部门再努力，客户也很难活跃和续费。这样的 SaaS 公司，离倒闭也不远了。相比之下，如果产品足够好，即便营销和客户成功部门的能力还比较弱，也不至于造成公司倒闭。

其次，产品经理应该是 SaaS 公司里最懂客户的人。产品是 SaaS 公司的基础，聪明的 CEO 会寻找最优秀的产品经理。同时，在整个产品从 0 到 1 发展以及后续迭代过程中，SaaS 产品经理都保持和客户的密切沟通。因此，产品经理也应该是公司最有能力去研究客户旅程、洞察客户痛点的人。

成熟的 SaaS 产品经理应该理解什么是完整的客户旅程，以及在营销和客户服务等环节，我们有哪些手段可以促进获客、成交和客户的留存，进而带来更快速、更高质量的增长。只有了解了这些，产品经理才能更好地与营销、客户成功等部门配合，也才能真正为产品的商业结果负责。

我们看到，一些 SaaS 公司的增长流程存在明显的割裂：

- 市场部门专注于线索的获取，但并不对线索质量负责——哪些线索应该立即转交给销售，哪些线索应该继续培育，他们不做判断。

- 销售部门的注意力则都放在如何让客户付钱上面——哪怕很多客户实际上很难续约。

- 客户成功部门则怨声载道，一方面抱怨销售拿下的订单很难交付，另一方面又抱怨产品经理不了解客户需求——天晓得客户成功经理花了多少时间给客户解释如何操作某个复杂的功能。

- 产品经理则容易沉迷在自己的世界里——标准化产品不就意味着我们不能被客户和销售牵着鼻子走吗？我要按自己的判断来。

那么，如何才能将各个割裂的环节串在一起？我认为可以从下面几个方面努力：

第一，应该建立起"关注客户成功，而不是关注短期业绩"的文化和制度。比如，应该禁止销售人员在未经产品部门确认的前提下"承诺期货"，确保给客户的承诺是真实有效的。当然，让销售人员减少对业绩的关注是"反人性"的，要建立这种文化，就需要公司 CEO 的强力支持。比如，卫瓴 SCRM 的创始人就明令禁止把产品销售给"不合适的客户"。

第二，应该建立起促进合作的流程，比如，安排客户成功部门参加产品评审会，从而保证客户的声音不会被"悄悄抹杀"。利益分配机制也很重要。比如，如果销售人员能拿到客户第一年续费的提成，他就会更主动帮助客户成功经理和客户建立起良好的个人关系。

第三，除了文化、制度和机制，我们还需要科学的方法。发源于美国的"增长黑客"，被认为是 C 端产品的运营思路。但是我认为，SaaS 行业也可以借鉴其中的思路和方法。比如，从"完整的客户旅程"角度去看待增长，从而发现薄弱点，找到最大的增长机会。再比如，不依靠主观判断，而是依据过程数据来指导流程和产品的优化。

## 1. 客户旅程

一般情况下，我们可以把客户旅程划分为 7 个阶段，如下页图所示：

下面对各个阶段依次介绍。

1）需求萌生

在这个阶段，客户可能参加了一次行业会议，或者听说了一个案例，从而意识到了自身的问题或者一个新机会。这时候，客户可能会通过搜索引擎找到我们的官网，或者关注到我们在抖音上投放的一条广告。

在这个阶段，客户的需求并不明确，虽然别人告诉他购买 SaaS 产品可以解决他们的问题，但是反复思考后，他们可能又不认为有必要购买 SaaS 产品了，也可能随着环境的变化，客户的问题不需要解决了。总之，不确定的因素还很多。

2）深入认知

在这个阶段，客户已经明确了购买 SaaS 的意愿，并准备了相应的预算。如果是小企业（或者大企业的子公司），会开始和各 SaaS 厂商深入接触，了解他们的解决方案，并评估优劣。如果是大企业客户，则可能会正式立项，并成立选型团队。此时，客户购买的确定性已经比较强了。但是，到底选择哪一家 SaaS 产品是不确定的。

在这个阶段，客户项目的推进往往不是一条"笔直的大道"，而可能是"蜿蜒曲折的小径"。比如，客户收到我们的方案和报价后一直没有回应，这有可能是客户内部出现了变化。但是，事情可能并没有真正结束，只要我们与客户保持互动，比如通过朋友圈分享成功案例，帮助客户加深对我们的认知，那么一旦项目重启，就可以马上与客户取得联系。

在这方面还可以利用先进的工具。某些 SCRM 产品可以帮助我们跟踪客户查看报价的动态。这样，一旦我们发现客户重新打开报价文件，就可以第一时间联系客户。

### 3）选择产品

在这个阶段，客户一般会选择少数几家 SaaS 厂商，进行技术和商务谈判，并最终与其中一家签署合同。虽然和我们打交道的是客户的某位负责人，或者是某个团队，但进行购买决策的往往是极少数决策者。而他们所关注的也往往是很少的几个关键点。如果我们还没有找到这些"胜负手"，那么成功的希望就会小很多。

和传统软件时代不同的是，SaaS 产品本身的质量在很大程度上会影响客户的选择。一方面，中国 SaaS 产品满足个性化需求的能力还比较弱，不管是客户还是 SaaS 公司，都会小心避免产品与企业的错配；另一方面，SaaS 的应用范围比传统软件大得多，比如更多一线人员需要使用 SaaS 软件，这就对 SaaS 的可用性和使用效率提出了更高的要求。

### 4）上线使用

这个阶段已经和客户签约，客户成功经理开始介入，帮助客户上线系统。大部分情况下，即便我们已经尽力做好 SaaS 产品的用户体验，但客户仍然很难独立把产品用起来。这里面主要有三方面的原因：

- 不同于 C 端产品主要针对单个场景，B 端产品需要针对多个流程。这些流程配置复杂，需要一定的产品知识。

- 有些 C 端产品（比如 iOS）虽然配置复杂，但在网上可以搜索到大量用户产生的内容，这些内容为公司减轻了售后服务负担。但是大部分 SaaS 产品并没有这样的"待遇"。

- B 端产品上线可能涉及多个部门，但积极推动系统上线的，往往只是少数部门。这些部门往往缺乏相应的方法论和推动经验，一旦遇到内部阻力，系统上线就会受到影响。

因此，对客户来说，系统上线实际上是"惊险的一跃"，我们必须帮助他们渡过难关。

### 5）用户存活

我们常说：扶上马，走一程。对于 SaaS 来说，"扶上马"就是上线实施，"走一程"就是持续交付。

SaaS 的本质是数字化，一定会涉及对员工行为、企业流程甚至文化的改造，因此，成功上线后，客户在推行 SaaS 的过程中可能还会面对诸多阻力，需要我们通过持续交付帮助克服。一般来说，客户可能遇到的阻力包括：

- 其他部门或用户不配合。

- 发现新的业务场景不被满足。

- 操作或配置不清楚。

- 系统不稳定。

我们则需要对症下药，通过客户案例、方法论、培训体系和工单系统等方式，给客户赋能，帮助他们走上正轨。

### 6）产生黏性

即便系统使用步入正轨，我们仍然面临客户流失的风险。比较典型的事件是 2015 年钉钉推出 2.0 版本，直指中国协同办公 SaaS。迫于钉钉强势的市场表现，2015 年如日中天的今目标、明道等办公协同 SaaS，到今天已经纷纷转型，避开钉钉的锋芒。其深层次的原因，其实是中小企业协同办公 SaaS 缺乏黏性，一旦对手打价格战，客户就很容易流失。

虽然产品是 SaaS 公司的核心竞争力，但是我们也必须认识到，越到后期，市面上的 SaaS 产品就越趋于雷同。不过，我们可以通过更好的服务来增加客户获得的价值，从而加固我们的护城河（参见 5.4.2 节）。

### 7）续约增购

前面的 6 个阶段本质上都是"种树"，最终我们要的"果实"则是续约和增购。如果客户的黏性很强，那么只要客户仍在持续经营，就大概率会续约。但是，如果客户的黏性不强，比如，某些深度功能没有使用起来，那么我们在客户订阅到期前，就要特别关心客户的使用状况，并有针对性地解决客户的问题。

## 2. 增长部门

搞清楚客户使用 SaaS 需要经历的阶段以及各阶段的特点，目的就在于合理安排资源和制定规则，从而清除客户购买和使用 SaaS 的障碍。为了达成这个目标，SaaS 公司会设计三个部门来帮助客户完成整个旅程：市场部门、销售部门和客户成功部门，我把它们统称为增长部门。三个增长部门所对应的客户旅程阶段如下图所示：

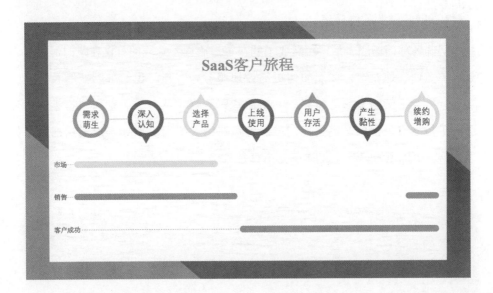

1）各部门职责

市场部门主要负责获客，需要给销售部门提供数量足够多、质量达标的线索。市场部门对应的客户旅程阶段包括需求萌生、深入认知和选择产品。

销售部门主要负责跟踪市场部门提供的线索，或者自拓线索，并最终实现成交。在成功签署合同以后，销售部门需要将客户顺利交接给客户成功部门。这种交接既包括事的交接，比如客户资料、客户诉求等；也包括人的交接，即项目的关键干系人。销售经理有责任帮助客户成功经理与关键干系人建立良好的信任关系。销售部门对应的客户旅程阶段包括需求萌生、深入认知和选择产品；另外，在某些公司，由于客户成功部门无法承担起续约和增购的责任，销售部门还需要负责续约增购阶段的工作（参见5.2.2节中的"服务策略"部分）。

客户成功部门的主要责任是推动产品上线，并通过持续服务，帮助用户存活，进而产生黏性。除了和销售部门配合，客户成功部门还需要和产品部门互相帮助。在很大程度上，好的产品可以让客户成功部门的工作更简单；而作为与客户打交道最多的部门，客户成功部门也可以给产品经理提供更广泛和深入的客户洞察。客户成功部门对应的客户旅程阶段主要包括上线使用、用户存活、产生黏性和续约增购。

2）SaaS增长策略简述

明确各部门的职责后，还需要了解在客户旅程各阶段的打法，即如何更多、更快、更便宜地获客，以及如何更高效地服务好客户。我们可以把增长策略粗略划分为营销策略和服务策略。其中，营销策略包括市场策略和销售策略，分别用于指导市场部门与销售部门；服务策略则主要用于指导客户成功部门，如下页第一幅图所示。下文将详细介绍每种策略。

### 3.营销策略

营销策略主要用于指导市场部门。市场和销售是两个不可分割的营销环节——市场负责客户线索的获取，销售负责客户的转化。对于市场部门来说，他们主要关心如何触达客户、如何建立联系、如何培育线索、如何把线索转交给销售部门等。

#### 1）触达客户

触达客户有三种主要的渠道，分别是公域流量、私域流量和传统渠道，如下图所示：

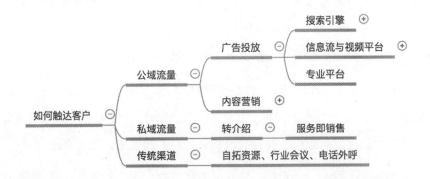

（1）公域流量。

对于大部分 SaaS 来说，公域是主要的获客渠道，其中广告投放占公域引流的大部分。广告投放主要分布在三类平台：搜索引擎、信息流与视频平台、专业平台。我分管过广告投放，也和很多 SaaS 创业者进行过沟通，大家共同的认知是，相对于信息流和视频平台，搜索引擎仍然是 SaaS 获客的主要渠道之一——即便百度等搜索平台的广告费越来越高。

首先就来看搜索引擎平台。搜索引擎获客的关键是找到正确的"客户搜索词"。有些搜索词是显而易见的，比如客户要寻找一款 CRM 系统，就会输入"CRM 系统"进行搜索。但是，为这样的词投广告往往很贵，因为每一家 CRM 系统公司都会竞购这样的词，激烈的竞争导致价格不断上升。因此，高效率的搜索引擎获客应该尽量使用长尾词，（相对于"CRM 系统"，"CRM 系统的功能有哪些"就是长尾词），投放价格便宜得多。虽然长尾词单个词搜索量不大，但是我们可以以量取胜。因此，我曾经给市场投放人员定了一条搜索引擎投放规则：加词就是加流量，加长尾词就是降成本。

接下来看信息流和视频平台。类似今日头条、抖音这样的信息流和视频平台，流量是巨大的，也是很多 SaaS 公司的核心获客渠道。这种平台的核心是"货找人"，即潜在客户还没有主动搜索，平台就会根据用户画像主动将广告推送到他眼前。因此，我个人认为，信息流和视频平台比较适合推广创新性产品。

信息流和视频平台的问题在于转化率很低。我曾经做过测试，抖音获取的线索成交转化率只有百度的 10% 左右。这主要是因为，当客户开始主动搜索时，往往需求已经比较明确，因此转化率也就相对更高。但是在信息流和视频平台，则是在更早的阶段就主动把广告推送到了潜在客户面前。

要做好信息流和视频平台，关键是要顺应平台的规则。比如，某位 SaaS 创业者和我说，他们公司的短视频在抖音的浏览量高达 800 万，而且也有不错的转化率，核心原因就是顺应了抖音的"规则"：主题诱人，内容夸张。

对于某些 SaaS 软件，还可以在专业平台投放广告。比如，电商类 SaaS 就可以上架淘宝卖家服务市场。

除了广告投放，公域流量触达客户的方式还包括内容营销。内容营销并不是全新的获客方式，但是它的作用正变得越来越重要。原因在于，互联网时代是一个信息爆炸的时代，特别在 ToB 领域，大家对内容越来越挑剔，也越来越有独立判断能力。那些口号式的内容很难占领我们的心智。而优质内容相对稀缺，容易赢得客户信任，以及客户主动传播，效果也非常持久。一位 SaaS 公司的市场负责人告诉我，他们几年前在知乎上发表的帖子，到今天还在持续产生有效线索。同样地，我在 2019 年发表的公众号文章，到今天还有人阅读，并因此关注我的公众号，这就是内容营销的魅力。

（2）私域流量。

这里的私域流量主要是指老客户的转介绍。过去 2 年，我一直在给一家连锁机构做顾问。最近我统计了该机构近 4 年成交客户的生命周期价值，结论是转介绍来的客户给企业创造的单客毛利，明显高于整体平均水平，如下表所示（具体数字已脱敏，但不影响结论）。

| 所有渠道来源的客户情况 | | | | | | | |
|---|---|---|---|---|---|---|---|
| 客户分类 | 第 1 年收入额（元）/ 客户数 | 第 2 年收入额（元）/ 客户数 | 第 3 年收入额（元）/ 客户数 | 第 4 年收入额（元）/ 客户数 | 第 5 年收入额（元）/ 客户数 | 客户生命周期价值收入（元） | 客户生命周期价值毛利（元） |
| 2017 年签约的客户 | 2645 | 7271 | 6835 | 7640 | 4005 | 28 396 | 22 717 |
| 2018 年签约的客户 | 6041 | 8872 | 7715 | 4376 | — | 27 004 | 21 603 |
| 2019 年签约的客户 | 8637 | 12 664 | 10 991 | — | — | 32 292 | 25 834 |
| 2020 年签约的客户 | 16234 | 16 107 | — | — | — | 32 341 | 25 873 |

| 转介绍来的客户情况 | | | | | | | |
|---|---|---|---|---|---|---|---|
| 客户分类 | 第 1 年收入额（元）/ 客户数 | 第 2 年收入额（元）/ 客户数 | 第 3 年收入额（元）/ 客户数 | 第 4 年收入额（元）/ 客户数 | 第 5 年收入额（元）/ 客户数 | 客户生命周期价值收入（元） | 客户生命周期价值毛利（元） |
| 2017 年签约的客户 | 2634 | 7631 | 7286 | 10 200 | 4738 | 32 489 | 25 991 |
| 2018 年签约的客户 | 7762 | 9395 | 8126 | 6102 | — | 31 385 | 25 108 |

续表

| 客户分类 | 转介绍来的客户情况 | | | | | | |
|---|---|---|---|---|---|---|---|
| | 第1年收入额（元）/客户数 | 第2年收入额（元）/客户数 | 第3年收入额（元）/客户数 | 第4年收入额（元）/客户数 | 第5年收入额（元）/客户数 | 客户生命周期价值收入（元） | 客户生命周期价值毛利（元） |
| 2019年签约的客户 | 9277 | 16 219 | 26 707 | — | — | 52 203 | 41 762 |
| 2020年签约的客户 | 27 350 | 26 119 | — | — | — | 53 469 | 42 775 |

转介绍线索不但毛利更高，成交率、获客成本也都明显优于公域流量的线索，因此是相对优质的获客渠道。影响老客户转介绍意愿的关键因素，在于我们的服务质量。因此我们常说"服务即销售"。

（3）传统渠道

除了公域流量和私域流量，还有传统渠道可以触达客户，比如行业会议、销售自带资源等获客方式，由于网上相关内容较多，本书就不再赘述。

2）建立联系

当引流渠道触达了潜在客户，我们还需要获取客户的电话、微信等信息，以便和客户建立联系。一般来说，公司官网是获得客户联系信息的重要渠道。典型的场景是，客户通过百度搜索链接到我们的官网，浏览了相关案例后，用手机号注册并试用系统，这时候，我们的市场人员就可以通过电话号码联系到他们。

随着微信体系的开放，出现了另一种与客户建立联系的方式，即引导客户添加员工的企业微信号。某种意义上，企业微信就像我们的另一个官网，可以展示企业相关信息。右图是我的企业微信截图：

不管是官网还是企业微信，就像淘宝店铺一样，必须进行"精装修"。即通过不断优化页面布局和内容，从而提高客户从"浏览网页"到"建立联系"的转化率。

3）培育线索

随着内容营销、信息流等渠道的崛起，我们的获客能力越来越强，但这也带来了另一个问题：很多建立联系的潜在客户都还在"需求萌生"或"深入认知"阶段。如下图所示。客户可能会在这两个阶段"徘徊"相当长的时间——半年甚至一两年也是常有的事。

在这种情况下，我们就必须持续与客户互动，潜移默化地影响客户，并不断给客户提供价值。这样，当客户重新启动项目时，我们就能够马上联系到客户，并得到更大的胜出机会。这就是私域流量的本质价值。

虽然很多 SCRM 工具提供给企业分发内容、跟踪客户行为的工具，但是，我认为，在这个"专业塑造信任"的时代，高质量的内容才是私域流量的关键。因此，很多企业的私域做得不好，其实不是因为触达效率不高，而是因为内容不好。

4）转交线索

虽然也有市场人员直接成交的情况（大多是小微客户），但是在大部分情况下，市场部门都需要把线索转交给销售人员，由他们跟单并完成签约。转交线索的关键是，需要把握好"线索数量"和"线索质量"的平衡。比如，当一个小客户还处在"需求萌生"阶段时，如果把这条线索转交给销售部门，销售人员大概率就会抱怨：市场部门怎么又把无效线索转交过来了。

到底什么时候把线索转交给销售人员最合适呢？总的原则是，在合适的人力配置前提下，实现签约金额的最大化。在这个原则的指导下，如果是签约金额较小的客户，市场人员就可以在更接近"选择产品"的阶段，把线索转交给销售人员，从而避免占用销售人员过多时间；如果是签约金额较大的客户，则可以在更接近"需求萌生"的阶段，就把线索转交给销售人员，从而避免错失重要机会。线索转交原则如下图所示：

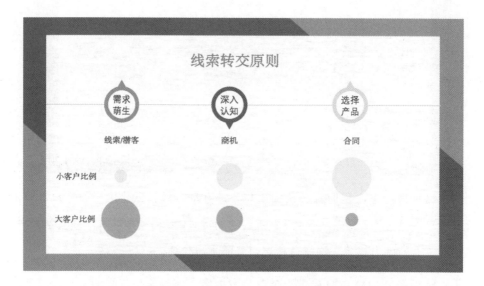

当然，具体在哪个节点或者满足什么条件时把线索转交给销售人员，可能需要进行相应测试，通过分析实际数据，找到"让签约金额最大化"的转交规则。

### 4. 销售策略

分析完营销策略，接下来从销售组织、销售流程、CRM 系统、产品与销售协同四个方面分析销售策略。

1）销售组织

一般来说，SaaS 公司会建立两类销售组织：直销和渠道销售。

（1）直销，即 SaaS 公司自己雇佣的销售团队。根据客户规模的大小，SaaS 公司会将直销分为电销和面销：

- 由电销承接小客户：小客户往往客单价低、存活期不长，因此通过远程销售方式，可以有效降低成本。

- 由面销承接大客户：大客户销售面临激烈竞争，面对面沟通不但可以增进客情关系，还有助于洞察成交障碍，提高赢单概率。

在 SaaS 时代，随着客单价的降低，以及标准化产品能力的提升，SaaS 公司对销售人员的要求明显降低了。虽然这意味着销售人员的招聘更加容易，但同时也对标准化产品提出了更高要求——好的 SaaS 产品，应该是定位清晰、价值突出的，这样就不用太依赖销售人员的个人能力。

（2）渠道销售。渠道销售即授权其他公司代理销售产品。曾经有投资人和我说，国内大部分 SaaS 公司的渠道销售都做得不好。我认为，最核心的原因在于：渠道销售实际上是 SaaS 公司销售部门的延伸。

很多 SaaS 渠道商是从传统软件渠道商转变过来的。但是传统软件重解决方案、轻标准化产品的打法，并不适合推崇标准化产品的 SaaS。因此，渠道商也需要有人指导向 SaaS 化销售转型。而 SaaS 在中国崛起的时间并不长，很多公司在标准化打法、规模化赢利等方面还存在诸多不足。如果 SaaS 公司自身打法不清晰、销售行为标准化也没有做好，指望渠道销售达到与自己销售部门同样的水平，是不现实的。因此，做好渠道的关键是练好内功，这样才能对外赋能。

2）销售流程

销售流程主要分为线索、商机、新签和续签四个阶段，如下页图所示。

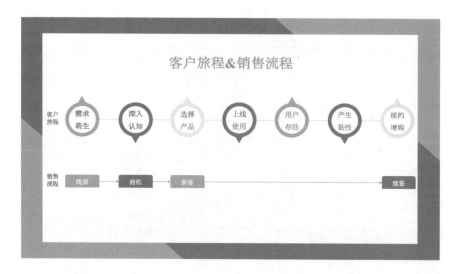

（1）线索阶段。获得线索是新签流程的第一步。在线索阶段，客户虽然意识到自身存在问题，但需求往往不明确，也没有准备相应的预算。对于线索阶段的客户，销售人员往往要做好打持久战的准备，并且注意不要在前期投入过多资源。

线索既可能来自市场部，也可能来自销售自拓，比如某知名 SaaS 公司招聘大客户销售经理，核心要求就是需要自带客户资源。

（2）商机阶段。当客户明确了购买意愿，并准备了相应预算时，则可以将线索转化为商机。对于大客户商机，我们往往会投入售前，甚至产研资源，以提高赢单概率。因此，我们需要谨慎判断一条线索是否已达到商机阶段。一般来说，可以通过以下四个条件判断：

第一，需求是否明确而具体。如果客户的需求无法清晰地表述，也无法通过书面形式记录下来，那么这样的线索就不能进入商机阶段。

第二，是否有预算。如果客户有购买意愿，那么一般就有了预算金额。即便还没有具体的预算金额，也一定有预算金额的范围。

第三，是否有决策流程。对于大公司，此时可能已经成立了选型团队，或者明确了决策人。对于小公司，则老板的决心可能已经比较坚定了。

第四，是否有进度计划。对于客户来说，此时往往已经有期望的上线时间点。

值得一提的是，在跟进商机时，很多 SaaS 销售人员喜欢给客户罗列企业资质和功能点。但实际上，客户决策人最关心的往往只有一两个点，如果不首先搞清楚关键点，不但影响成交概率，还会做很多无用功。

（3）新签阶段。在得到客户承诺后，就可以进入合同签署阶段。对于强势的大客户，谈判合同条款并不是一件轻松的工作。好的销售人员懂得适当让步，但是会守住基本的底线，比如收款时间和收款方式等。

在收到约定的款项后，客户成功经理就可以接手实施了。此时，销售经理需要做好交接工作。一方面是人的交接，帮助客户成功经理与项目干系人建立良好的信任关系；另一方面是事的交接，将客户的需求、面临的问题、给客户的承诺等交接到位，确保客户服务流程不出现断层。这在讲各部门职责时也提到过。

交接工作完成后，销售经理在一段时间内仍然需要维系好客情工作。一方面，客户成功经理需要一定的时间去赢得客户的信任；另一方面，销售经理维护好客情关系，也有利于促进客户第二年续约。

（4）续签阶段。如果客户成功经理暂时还没有能力完成续签，那么这个责任就会落在销售经理身上。但是，由销售经理负责续签可能降低他们开拓新客户的热情，毕竟续签的难度远小于新签。作为一种折中手段，一些 SaaS 公司选择由销售经理负责第一年的续签，后续的续签由于难度更低（主要因为客户的黏性已经很强），则转交给客户成功经理负责。

3）CRM 系统

一位优秀的 SaaS 销售总监，往往会推动销售部门使用 CRM 系统，这是一项有效的销售策略，因为采用 CRM 系统主要有以下好处：

- 客户资源统一管理：铁打的营盘流水的兵，销售人员的正常流动是难以避免的。CRM 系统最直接的好处，就是将所有客户信息都沉淀在公司资料库，不因销售人员的离职而丢失客户信息。

- 标准化：什么时候要拜访客户？拜访需要完成哪些动作？拜访后需要记录什么信息？通过 CRM 系统，我们可以将销售流程和动作标准化，减轻员工执行负担，提高管理效率。

- 自动化：CRM 系统可以通过自动化大大提高团队的工作效率。比如线索自动分配功能，检测到销售人员限期未录入拜访信息时，则自动将线索回收公海；再比如，当客户查看了方案、报价等相关资料时，CRM 系统可以自动通知销售人员；等等。

- 数据化：通过分析销售人员的线索数、拜访数、合同数、转化率等数据，我们可以客观评价销售人员的工作绩效。通过查看销售人员的具体拜访记录，主管可以有针对性地对销售人员进行指导。

4）产品部门与销售部门的协同

一位 SaaS 公司销售 VP 告诉我，因为标准化产品销售不理想，为了完成公司业绩，他们签了不少定制化订单。结果产品部门说交付不了，积压的开发工作越来越多，现在销售部门和产品部门的关系变得很紧张。

虽然大部分 SaaS 公司不会面临如此恶劣的局面，但是产品部门与销售部门的矛盾，恐怕在大部分 SaaS 公司都存在。我个人认为，销售部门和产品部门的矛盾，很大一部分根源在于公司决策层。从根本上来，如果 SaaS 公司成立了产品部门，就应该以标准化产品为核心，而不能被个别客户和销售人员牵着鼻子走。但是，很多公司成立了产品部门，却没有打造出真正满足需求的产品，也没有坚持标准化原则。

如果我们决定做真正的 SaaS 产品，就应该按照 MVP 的原则，先验证产品价值，再招募销售团队，扩大销售规模。如果我们已经打造出了标准化产品，销售部门与产品部门则需要相互理解，携手推进产品的增长。产品经理必须了解销售部门的工作，并且积极帮助他们完成 KPI 指标（在符合产品规划的前提下）。这不但有利于促进产品增长，也会帮助产品经理洞察未来的产品方向。

### 5. 服务策略

对于 B 端产品来说，"客户成功"是一个新的概念，但并不是一个全新的事物。20 年前，国内有两家著名的 IT 咨询公司——这里简称 A 公司和 B 公司——都很注重客户成功。不过，两家公司帮助客户成功的方式还是有所差别的。

A 公司更注重基础的客户服务，其核心竞争力实际上是标准化——既包括服务流程的标准化，也包括人才培养的标准化，这给公司带来巨大的竞争优势：一定质量前提下的、极低的服务成本。B 公司则更注重管理咨询，公司给客户提供管理咨询方案，讲述其他客户成功变革的故事。为了强化这种能力，他们甚至组建了独立的管理咨询部门。最终的结局是，A 公司成为国内同行中第一家上市企业；B 公司则几经转手，现在已经销声匿迹。

这个故事并不能说明客户服务就比管理咨询更重要。如果只是提供最基础的客户服务，Salesforce 就很难拿下家得宝、阿迪达斯那样的大型客户。不过，不管你更注重哪个方面，我们都应该追求这样的客户成功：它应该是能落地的，并且能够给客户带来真正价值的。

在 SaaS 时代，客户可以以很小的代价放弃产品的使用，因此，客户成功的重要性比以往任何时候都强。不管是产品部门还是市场部门或者销售部门，本质上都是为客户成功服务的：当客户获得的价值远大于我们付出的成本时，SaaS 的商业模式由此成立。从这个角度来说，产品经理必须深刻地理解客户成功——了解可以给客户提供的服务，以及客户因此获得的价值。产品经理有责任将服务变得更加"产品化"，从而提高客户价值，降低服务成本。客户成功与客户旅程的关系如下页图所示：

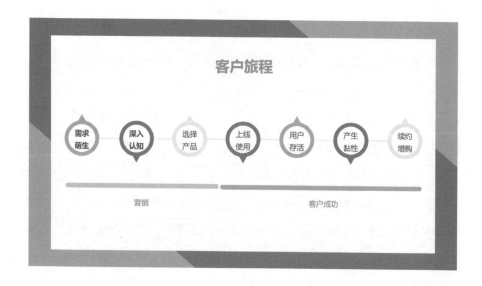

1）客户成功的服务分类

根据服务内容的不同，可以把客户成功的服务分为三类：

- 支持服务：这是最基础的服务，包括使用培训、bug 修复等。

- 方案制定与实施服务：根据客户的实际业务，制定流程方案，并帮助客户完成方案落地。

- 咨询服务：结合行业领先实践和客户的实际问题，帮助客户实现业务和管理变革。

三类服务的难度是逐次递增的。因此一般来说，越小的客户，越需要提供支持类服务；越大的客户，越需要提供咨询类服务。

同时，三类服务对人才的要求也是不一样的。

- 对于支持服务，熟练的客户服务人员即可提供，相对容易招募。

- 对于方案制定与实施服务，则需要具备专业能力的实施人才来提供。对于大型项目，还必须配置现场实施项目经理。

- 对于咨询服务，则需要行业专家来提供，这种人才往往非常稀缺。

支持服务相对容易标准化和产品化；咨询服务则往往高度依赖人员素养和

能力。而 SaaS 公司的赢利关键就是标准化和产品化,因此我一直坚持一个观点:工具升级,人才降低,即提高产品化比例,降低高端人才比例。本质就是能标准化的尽量标准化,能产品化的尽量产品化。实际上,前文提到的 A 公司正是依靠这一策略最终实现上市的。

2)客户服务流程

客户服务流程主要包括上线使用、用户存活、产生黏性和续约增购四个部分,如下图所示。

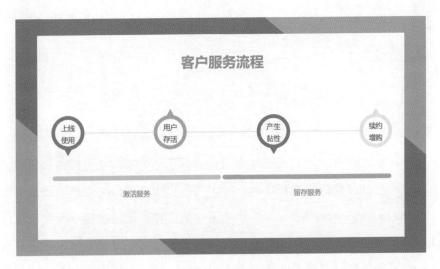

对于传统软件项目,上线使用是客户服务最核心的任务。但是对于 SaaS 产品,续约才是最重要的工作。原因在于,SaaS 产品的首年收入,往往只能勉强覆盖甚至不能覆盖获客成本。因此,如果大部分客户不续约,会导致 SaaS 公司亏损。

由于 SaaS 产品的互联网基因,不管是激活服务还是留存服务,都可以通过实时指标进行动态监控。一旦发现客户的活跃指标或留存指标出现问题,就需要采取有效措施,比如:

- 通过"活跃指标"判断客户是否已经正常使用产品,实践证明,如果一个签约合同不能在一定期限内(比如 3 个月)实现激活,那么就很难再次激活了。

- 通过"留存指标"判断客户主观上是否愿意续约，留存指标优秀的客户，其来年续约的概率是非常高的（排除企业终止经营的情况）。

两类指标的示意图如下。

**某进销存系统-监控指标**

活跃指标1：
有效销售订单-周数量

活跃指标2：
付费账户-周活跃用户数

留存指标1：
利润报表功能-周活跃用户数

另外，SaaS 行业一直存在一个争议：到底由销售部门负责续约和增购，还是由客户成功部门负责续约和增购？考虑到客户成功部门与用户的联系更加紧密，由他们去负责续约和增购，当然是更好的选择。这样安排一方面可以让客户成功部门承担更大的责任，从而提高服务质量；另一方面也可以让销售人员更多地去开拓新客户，而不是抱着老客户"吃一辈子"。当然也有一些例外，比如：

- 客户成功部门能力不足：如果客户成功经理或者项目经理缺乏基本的商务能力，这时候让他们承担续约和增购的工作，可能适得其反。

- 首年续约：第一年续约的不确定性相对较大，这时候让熟悉客户决策层的销售部门参与进来，可以降低不续约的风险。

- 新产品增购：虽然是老客户，但购买的是新产品线。特别是较大金额的订单，往往需要专业的销售经理和售前经理参与。在这种情况下，就需要销售部门与客户成功部门配合工作。比如，我在 Oracle 工作的时候，公司曾经推出了一个"线索奖"，即如果客户成功经理给销售部门提供了新需求的有效线索，就可以获得一定的奖金。实践证明，这也是一种有效的策略。

### 3）客户成功与产品的关系

SaaS产品本质上是经营管理工具，这就意味着客户必须充分、正确地使用相关功能，才能发挥产品的最大价值。但随着SaaS产品越来越复杂，如果没有客户成功部门的帮助，用户就很难充分发掘产品真正的价值。比如，SaaS产品可能提供了一个"经营跟踪表"的功能，通过这个功能可以按照"客户-供应商"维度，查看关于某个"客户-供应商"的所有重要单据，包括销售订单、出库单、收款单等，在与"客户-供应商"对账时非常方便。但如果客户成功部门不主动介绍，那些以前没有使用过类似功能的用户，就可能忽略这个功能。

同时，作为与用户接触最紧密的人，客户成功部门往往能够第一时间感受到用户的抱怨，因此，他们往往是提出需求最多、最靠谱的部门。在我做产品经理的时候，大部分的有效需求都来自客户成功部门。甚至可以说，客户成功部门是SaaS产品迭代线索最高效的来源之一。

## 5.2.3　SaaS赢利策略

如果要具备为商业结果负责的能力，除了了解产品策略和增长策略，SaaS产品经理还需要关注产品的赢利逻辑，即赢利策略。搞清楚SaaS产品为何亏损，以及如何实现赢利，我们才能像CEO一样思考。

### 1. SaaS赢利的逻辑

在传统软件时代，赢利的关键在于干脆利落地完成项目交付：签订好合同后，用最低的成本完成交付，并收回全部款项。如果项目顺利的话，在完成上线的同时，软件公司与其合作伙伴已经获得了大部分利润。

但在 SaaS 时代，赢利的逻辑却发生了根本性的变化。由于允许客户支付少量费用以获得软件的一年使用权，SaaS 公司盈亏平衡点被大大延后了。这种模式的好处是，由于客户获得的只是短期使用权，意味着只要他们持续续费，SaaS 公司的收入就不会衰减。在这种新的合作关系下，SaaS 公司的赢利逻辑，就在于追求最大化的客户生命周期价值。

## 2. SaaS 的收入

### 1）SaaS 公司的三种收入

SaaS 公司主要能够获取以下三种收入：

- 一次性收入：包括实施费用、培训费用和二次开发费用等，这些费用主要是在客户购买的第一年发生，是不可持续的。而且因为面临传统软件的竞争，也为了促成客户签约，SaaS 公司在实施和二次开发方面并不追求利润。所以一次性收入不是 SaaS 公司的经营重点。因此我们也不重点分析。

- 增值收入：主要是提供额外的增值服务所获得的收入。比如微盟通过给商家提供全链路数字化营销服务，在 2021 年上半年实现了 4.1 亿元的营收。增值收入与具体的服务形态相关，比如供应链服务的增值收入，与客户购买的商品数量和单价相关；广告服务的增值收入，可能与用户点击数或者生成的线索数相关。增值收入本身不属于 SaaS 收入，因此也不做重点分析。

- 订阅收入：主要是客户为了使用 SaaS 而支付的租赁费用。这是 SaaS 公司的核心收入，下面会重点分析。

### 2）复利效应

订阅收入是 SaaS 公司的底盘，也是支撑起 SaaS 公司较高估值的核心逻辑。订阅收入的复利效应非常明显。假设年初某初创 SaaS 公司有 100 家客户，每家客户每个月支付 500 元的订阅费用。同时，该 SaaS 公司每个月新增 10 家客户，月订阅费同样为 500 元。以下表格反映了，月流失率分别为 0、1%、3% 和 5% 四种情况下，未来一年该 SaaS 公司月收入变化情况：

| 月流失率 | 1月客户数 | 1月收入（元） | 2月客户数 | 2月收入（元） | 12月客户数 | 12月收入（元） | 去年同比 |
|---|---|---|---|---|---|---|---|
| 0 | 110 | 55 000 | 120 | 60 000 | 220 | 110 000 | 220% |
| 1% | 109 | 54 500 | 118 | 58 955 | 202 | 101 127 | 202% |
| 3% | 107 | 53 500 | 114 | 56 895 | 171 | 85 718 | 171% |
| 5% | 105 | 52 500 | 110 | 54 875 | 146 | 72 982 | 146% |

虽然每个月只新增 10 个客户，他们每月一共只贡献 5000 元收入，但是在月流失率为 1% 的前提下，12 月的月收入比年初月收入增加了 5 万元多，同比翻了一番，这就是复利效应。

在传统软件时代，由于都是一次性买卖，如果每个月新签 10 个客户，那么每个月都只能获得 10 份合同的一次性收入。也就是说，如果停止了新签，收入马上就会锐减。而相比之下，SaaS 公司即便没有新签，也可以"躺着赚钱"。

当然，我们也可以看到，随着流失率的提升，SaaS 公司的收入会迅速减少。比如，当月流失率为 5% 时，12 月的月收入是去年同期的 146%；当流失率为 0 时，12 月的月收入是去年同期的 220%，前者比后者低 74%（即 220%-146%）。

### 3）客户生命周期价值

客户生命周期价值（Customer Lifetime Value，CLV）反映了在服务客户期间，我们从客户身上获得的总体收入。流失的本质是客户生命周期缩短，客户生命周期的计算公式如下：

**客户生命周期 =1/ 年流失率**

如果获取了 100 个客户，月流失率为 1%（每月流失 1 个），即年流失率为 12%（每年流失 12 个），则客户的平均生命周期约为 8.3 年，意味着到第 8.3 年客户全部流失。计算公式为 1/12%≈8.3。

如果一个客户每个月支付 500 元的订阅费用，即一年支付 6000 元，那么我们就能得到客户的平均生命周期价值约为 5 万元。计算公式如下：

$$客户生命周期价值 = 年订阅费用 \times 客户生命周期$$

$$6000 \times 8.3 \approx 50\,000$$

注意，为了简化 CLV 公式，这里有意省略了一次性收入和增值收入。不过，这并不妨碍我们理解 SaaS 经营的本质：追求客户生命周期价值的最大化。

4）流失率

流失率对客户生命周期价值的影响很大，我们仍用之前的案例，对比在月流失率分别为 1%、3% 和 5% 三种情况下，客户生命周期价值的变化，见下表：

| 月流失率 | 年流失率 | 客户生命周期（年） | CLV（元） |
| --- | --- | --- | --- |
| 1% | 12% | 8 | 50 000 |
| 3% | 36% | 3 | 16 667 |
| 5% | 60% | 2 | 10 000 |

也就是说，如果我们每个月的流失率从 1% 提高到 3%，CLV 就会下降 62.5%。这是一个很惊人的损失，它充分说明了，SaaS 经营的核心就是降低流失率。

那么，优秀的 SaaS 公司客户流失率控制在什么水平呢？根据华创证券的数据，截至 2018 年 1 月 31 日，Salesforce 的年客户流失率不足 10%。而中国某上市 SaaS 公司在 2020 年的年客户流失率仍然超过 30%。也就是说，该公司的客户平均生命周期不到 Salesforce 的 1/3。这个差距还是相当明显的。

5）收入留存率

在上面的例子中，我们其实隐含了多个假设，其中两个关键假设包括：

- 每个客户的付费金额都是一样的。
- 客户每个月的付费金额不会变化。

但在现实中，这两个假设几乎不可能存在。首先，不同客户贡献的销售收入是不一样的，不同客户的流失对 SaaS 公司的影响也是不一样的。其次，客户增购和减购的行为也很常见。一方面，客户本身的业务规模会发生变化；另外一方面，客户也会根据使用情况选择在 SaaS 产品中管理更多业务。实际上，让客户使用更多付费模块，是 SaaS 公司收入增长的重要策略。根据 Salesforce 2017 年 Dreamforce 大会资料，2013 年，Salesforce 前 40 大客户中，仅有 13% 的客户使用了 4 种以上的 Salesforce 云服务；而到 2017 年，公司前 200 大客户中，有 75% 的客户使用了 4 种以上的 Salesforce 云服务。

那么，如何判断一家 SaaS 公司的客户整体上是在流失还是在复购、是在增购还是在减购、使用范围是在扩大还是在萎缩？收入留存率无疑是一个非常好的指标。收入留存率的计算公式如下：

*收入留存率 = 留存客户当前的年费收入 / 留存客户 12 个月前的年费收入*

要计算收入留存率，首先需要锁定 12 个月前的留存客户，再对比其年费收入在 12 个月之后的变化。比如，2019 年年底，我们留存了 1000 个客户，产生的（12 个月）年费收入是 2000 万元。到了 2020 年年底，这批客户只留存了 800 个，产生的年费收入是 1800 万元，那么：

*收入留存率 =1800 万元 /2000 万元 =90%*

为了方便对比，我们也计算一下客户数量留存率：

*数量留存率 =800 个 /1000 个 =80%*

前者比后者高了 10%，可能是流失的客户规模相对较小，也可能是已留存客户产生了更多的增购行为。因此，收入留存率实际上综合反映了客户流失、增购和减购等情况，体现了 SaaS 公司服务客户和保留客户的整体水平。

*6）收入增长额*

收入增长额是一个比收入留存率更加综合的指标。因为导致"收入增长"的原因，除了客户留存和增购，也有可能是有新客收入。收入增长额的计算公式如下：

$$收入增长额 = 留存收入增长额 + 新客收入$$

由于存在复利效应，只有当留存数据足够优秀时，新客收入才能变成公司的利润。否则，很可能出现客户生命周期价值小于获客成本的情况，这将意味着 SaaS 公司无法实现赢利。

## 3. SaaS 的成本

就像 SaaS 收入也分为新客收入和留存收入一样，我们把 SaaS 成本分为获客成本和服务成本。不管是获客成本还是服务成本，都是直接服务于客户的，属于直接成本。对于那些不直接服务于客户的成本支出，比如标准化产品的研发费用、财务人员薪酬、办公室租赁费用等，和非 SaaS 公司的成本支出差异不大，属于间接成本，这里不重点阐述。

1）获客成本

获客成本（Customer Acquisition Cost，CAC）主要是指市场与销售费用，包括：

- 品牌推广费用

- 获客广告投放费用

- 销售人员工资与提成

并非所有成功签约的客户，都能够从 SaaS 产品中获益并最终续费。而那些勉强上线后就停止使用 SaaS 产品的客户，往往并不能带来利润——考虑到 SaaS 的获客成本较高，这样的客户更可能带来亏损，这一点在前面已经多次提到。因此，获客的关键并不在于数量，而在于找到真正适合的客户。不管是产品经理，还是客户成功经理，都应该通过分析存活客户的特点，描绘出易于辨识的客户画像，从而提高广告投放的精准度，也避免销售人员在不适合的客户身上浪费时间。

SaaS 获客成本普遍较高。根据 Salesforce 最新财报，其 2022 财年第二季度总营收为 63.40 亿美元，其中营销和销售支出为 27.36 亿美元，占比 43%。因此降低获客成本对 SaaS 公司实现赢利意义重大。

不同渠道的获客成本差异较大，高效获客的关键是找到精准的渠道，并且通过数据分析不断提升获客效率。虽然 SEM（搜索引擎投放）、信息流投放等渠道仍然有效，但是成本更低、效率更高的内容营销正成为 SaaS 获客的趋势，可参见 5.2.2 节的"营销策略"部分。

2）服务成本

服务成本（Cost To Serve，CTS）主要是签约以后服务客户的成本，主要包括：

- 帮助客户上线的成本。

- 成功上线后，给客户提供服务的成本等。

从某种意义来说，客户签约只能算"付费试用"，我们还必须帮助客户"存活"下来，即成功上线使用。另外，客户在使用 SaaS 产品的过程中，也会产生各种问题。比如操作和配置上的问题，或者流程和执行方面的问题，能否帮助客户解决这些问题，很大程度上决定了客户是否续约。

降低服务成本非常重要。因为不同于获客成本的一次性支出，服务成本会随着客户的使用持续发生，因此有很明显的累计效应：时间越长，对赢利影响越大。

如何降低服务成本对很多 SaaS 公司来说是一个挑战。部分 SaaS 公司会根据客户规模的大小，配置不同级别的服务水平。比如对于小微客户，1 个客户成功经理可能服务 100 位客户；而对于超大型客户，甚至会配备 1 对 1 服务的客户成功经理。

从根本上来说，降低服务成本的关键是产品化。一方面我们需要把产品做得更加高可用，减少客户使用的障碍；另一方面也需要为客户成功经理提供自动化工具，帮助他们提高效率。

## 4. SaaS 毛利

对于 SaaS 公司来说，毛利 = 客户生命周期价值 - 服务成本，即：

$$毛利 = CLV - CTS$$

用毛利除以获客成本，则可以得到获客投入产出比，即：

$$获客投入产出比 = (CLV - CTS)/CAC$$

如果获客投入产出比小于等于 1，则 SaaS 公司永远都不可能赢利。而按照业内观点，获客投入产出比大于等于 3，则达到了优秀 SaaS 公司的标准。

获客投入产出比反映了获客的整体效率，但是没有反映单位时间的效率。通过以下公式可以衡量单位时间获客效率，并得到收回获客成本的周期：

$$获客成本收回周期 = CAC/(MRR - CTS)$$

MRR 即月经常性收入（Monthly Recurring Revenue），主要为月订阅费用。为了与 MRR 匹配，这里的 CTS 为月经常性成本，主要是支撑客户使用软件所消耗的各种成本。按照业内观点，如果获客成本收回周期小于等于 18，即 18 个月内收回获客成本，就是比较优秀的水平。

## 5. 赢利改进

如果我们只是从整体上去查看客户流失率、CLV（客户生命周期价值）、CAC（获客成本）和毛利等指标，虽然能够判断公司的经营状态，却难以找到改善的方法。原因在于，SaaS 公司往往从多种渠道获客，也同时服务于多种类型的客户。因此，我们有必要对数据分类、分层处理，从而洞察事实的真相。

比如，某 SaaS 公司 2021 年上半年客户月平均流失率达到 2%，但是呈现明显的波动，1 到 4 月份的流失率均为 1%，但在 5 月份达到 7%，如下页图所示（横轴为月份，纵轴为月流失率）。背后的原因是什么呢？经过分析发现，5 月份流失的客户主要使用一款通用型 SaaS 产品，而流失的原因则是竞争对手的免费产品又发布了新版本。

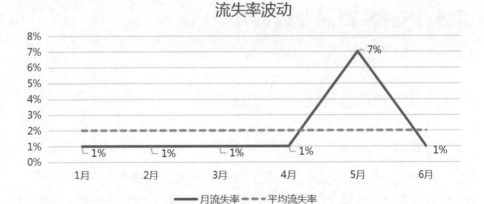

再比如，一款 SaaS 产品的获客成本达到 3000 元，获客投入产出比为 2.5，而获客的主要渠道包括：

- SEM，如百度搜索、神马搜索投放。

- 信息流，如今日头条、抖音投放。

- 自媒体，如某行业微信公众号。

为了找到改善的方向，有必要分别对各渠道的 CLV（客户生命周期价值）和 CAC（获客成本）进行统计，并按照获客投入产出比、获客成本收回周期评估各渠道的获客效率。比如，百度搜索的线索数量虽然较少，但获客投入产出比达到 3.5。而抖音的线索数量虽然很多，但获客投入产出比只有 1.5。说明我们还需要加大在百度搜索的投入，并积极探索其他搜索投放渠道。

除了按产品、按渠道进行分析，按客户类型进行分析也很重要。比如，大客户和小客户的各方面数据都可能存在明显差异，分别分析更容易找到改进方法。

# 5.3 SaaS 产品业绩提升

## 5.3.1 产品业绩提升的逻辑概述

一款 SaaS 产品要有好的商业表现，就需要在整个客户生命周期中都有良好表现。因此，我们可以按照客户生命周期，逐个阶段分析提升产品业绩的逻辑。客户生命周期包括的阶段有线索→新客→存活→活跃→留存→转介绍，各阶段说明如下：

（1）线索：即我们获得的客户联系方式。在线索阶段，我们和客户还没有签约。

（2）新客：即刚签约的客户。在新客阶段，客户还没有正式使用产品。

（3）存活：即开始正常使用 SaaS 产品的客户。在存活阶段，客户还没有实现稳定活跃。

（4）活跃：即高频使用 SaaS 产品的客户。在活跃阶段，客户的大部分账号都在稳定、频繁地使用产品。

（5）留存：即续约和增购的客户。续约且增购的客户，可以给我们带来稳定的收入。

（6）转介绍：即帮助我们介绍新客户的老客户。我们往往用 NPS 指标来衡量客户转介绍的意愿，所谓 NPS（Net Promoter Score），其实就衡量了客户在多大程度上愿意把我们介绍给朋友。

在每个阶段，我们都需要确定一个关键指标，以综合评估这个阶段的产品表现。比如，在"活跃"阶段，我们可以提取"活跃用户数"作为关键指标。因为活跃用户数除了能反映客户整体活跃程度，还是客户续约的前置指标。确定了关键指标后，要对指标进行分析；接下来是制定改进策略，然后继续监控和改进。因此，一般来说，每个阶段都需要按照如下步骤完成分析和改进过程：

（1）选择关键指标，确定监控和分析的重点。

（2）分析关键指标，找到表现不佳的原因。

（3）制定并实施改进策略。

（4）继续监控和分析关键指标。

本节结构也遵循以上逻辑。为方便大家理解，本节会穿插一个虚构的案例：产品经理小李如何通过指标分析和策略制定，持续提升 SaaS 产品业绩。

需要说明的是，考虑到线索、新客和存活三个阶段主要是市场、销售和客户成功部门的工作，产品经理更多是做协助的工作，因此本节会将这三者合起来进行分析。另外，转介绍阶段的工作主要由客户成功部门负责，本节不展开讨论。也就是说，本节将按照以下阶段确定、分析和提升产品指标：

- 线索 / 新客 / 存活阶段

- 活跃阶段

- 留存阶段

## 5.3.2　线索 / 新客 / 存活阶段的产品业绩提升

### 1. 选择关键指标

在这个阶段，各部门有不同的关注点。比如，市场部门会更关注有效线索数量，而客户成功部门会更关注企业存活率，即签约客户中开始正常使用产品的客户比例。

SaaS 产品经理作为对客户和产品具备最深洞察的人，有义务关注这个阶段的最终产出：**有效企业数**，即正常使用产品的客户数量。根据产品实际情况，我们需要对"有效企业"定义一个量化的标准，比如，有效企业 = 连续 30 天都有账号登录的企业。

在该阶段，SaaS产品经理还需要协助市场、销售和客户成功等部门，帮助他们做好工作。

### 2. 分析关键指标

首先需要对"有效企业数"进行拆解：

$$有效企业数 = 渠道数 \times 渠道有效线索数 \times 签约率 \times 存活率$$

- 渠道数分析：SaaS公司一般会从多个渠道获客。比较典型的包括SEM（付费搜索投放）、SEO（搜索优化）、信息流（如抖音）和自媒体（如微信公众号）等。寻找到高质量的获客渠道非常重要，从一定程度来说，增加获客渠道就是增加线索数量。

- 渠道有效线索数分析：渠道的有效线索数既取决于渠道质量，也取决于我们如何使用渠道。比如，百度付费搜索的规则是"价高者优先"，即出价更高的广告排名靠前。但是，搜索词的筛选也非常重要，这里推荐大家使用长尾词，原因请参见5.2.2节的"增长策略"部分。

- 签约率分析：在SaaS时代，由于客户会进行在线试用，因此，产品与需求的匹配度往往成为签约的关键。

- 存活率分析：签约本质上只是正式试用，只有正常上线并保持活跃的有效企业，才有可能续约。影响存活率的首要因素是客户画像。一个不匹配的客户，很难真正把SaaS软件用好。客户成功部门对存活率也有很大影响。一个SaaS创始人和我说，当他派驻项目经理到客户现场后，客户的存活率有了显著提升。

### 3. 制定改进策略

在这个阶段，产品经理需要主动和市场、销售、客户成功部门的同事沟通，给出自己的建议，一起完善相关流程。毕竟，没有源源不断的新客户，就像树苗失去了土壤，SaaS产品也很难长成参天大树。

- 渠道数提升策略：产品经理应该多和客户沟通，了解他们获取信息的渠道。比如，客户可能喜欢刷抖音，那么制作一些客户案例的短视频，让销售同事每天在抖音、微信上转发，不但可以获取新线索，还可以激活未签约线索。

- 渠道有效线索数提升策略：不管在哪个渠道，优质的内容越来越成为获客的关键。比如，一篇有深度的行业分析文章，就可能吸引到高度匹配的客户。优质内容的关键是找到客户的关注点，并通过有力证据说服客户——这就要求对客户行业具备一定的洞察。我建议产品经理可以定期输出一些文章，重点对客户行业进行分析，并提出相应的数字化转型建议。这样的文章，不但本身就是优质的获客内容，还可以帮助市场部同事加深对客户的了解，从而提升产品的市场表现。

- 签约率提升策略：需求与功能的匹配度，是客户签约与否的关键。产品经理需要和销售部门同事密切配合，了解他们在签约过程中遇到的障碍。一方面要防止"有了这个功能就签单"的陷阱，避免做出只有极少数客户使用的定制化功能；另一方面，产品经理应该多和潜在客户交流，确定其需求的普适性，同时了解客户的用户规模和签约意愿，综合判断是否应该优先满足需求。

- 存活率提升策略：产品经理可以和客户成功部门的同事一起分析如何提高存活率。首先，梳理成功客户的画像，会有助于市场和销售同事更精准地触达和跟进客户。其次，可以分析客户使用失败的原因，比如，是不是产品可用性太差？或者客户内部缺乏推动？找到失败的原因，才能对症下药。

### 4. 案例

小李刚接手一款SaaS产品，这款产品已推出半年多，但是有效企业数很少。公司甚至宣布过限期免费试用，一开始使用的企业很多，但是很快就沉寂下来，成为僵尸账号。

小李找到客户成功部门的同事，沟通了企业放弃使用的原因。原来，目标企业的核心痛点是，其连锁门店的员工目前通过微信、电话等方式向总部下订单，不但错漏多，而且增加了总部订单录入的工作量。因此，他们需要一款能够对商品、客户和订单进行移动化、规范管理的 SaaS 软件。而小李接手的这一款 SaaS 产品，目前只能提供简单的订单录入功能，缺乏商品、价格和客户管理等核心功能，无法较好地解决客户问题。因此，他们简单试用后，就很快放弃了。

找到了问题所在，小李明白了当前最重要的任务：尽快完善核心功能，形成客户愿意付费的产品版本。经过 3 个月的努力，随着新的商品管理、价格管理和客户管理等功能的上线，有效企业数开始快速增加，不但原有沉默客户被激活，还签约了很多新客户。

## 5.3.3　活跃阶段的产品业绩提升

### 1. 选择关键指标

只有大部分账户都是正常使用状态的企业客户，才有更大可能性续费乃至增购。因此，对于续费决定生死的 SaaS 公司而言，**活跃账户数**是这一阶段最核心的指标之一。不过，首先我们需要定义活跃账户的标准，比如，周活跃账户可以定义为，一周内进行 1 次以上登录的账户；月活跃账户可以定义为，一月内进行 4 次以上登录的账户。

### 2. 分析关键指标

首先，对活跃账户数进行拆解：

$$活跃账户数 = 有效企业数 \times 平均付费账户数 \times 账户活跃率$$

有效企业数这里不再赘述，下面重点分析平均付费账户数和账户活跃率两个指标。

1）平均付费账户数分析

对于面向中小企业的 SaaS 产品来说，平均付费账户数是一个和利润高度相关的指标。原因在于，面向中小企业市场时，获客和服务成本并不会随着账户数同比增加。这就意味着，一个客户购买的账户数越多，我们从中获取的利润就越大。付费账户数主要受两个因素的影响，一是企业规模大小，二是 SaaS 产品覆盖业务范围大小，即

$$付费账户数 = 企业规模 \times 上线业务范围$$

SaaS 产品为了降低标准化设计的难度，往往只满足一部分客户的一部分需求。但是，有时候只需要进行局部功能调整，就可以在不影响原有客户使用的基础上，扩大目标客群或目标业务范围。这就使得产品经理有一定的空间，可以通过产品迭代提高平均付费账户数。

2）账户活跃率分析

账户活跃率是客户续约或增购的前置指标。如果账户活跃率低于50%，那么即便客户续约，我们也会面临减少付费账户数的压力。账户活跃率受到功能使用数和功能使用频率的影响。功能使用数越多，意味着覆盖业务范围越广；功能使用频率越高，意味着覆盖的核心业务越多，即

$$账户活跃率 = 账户使用的功能数 \times 功能使用频率$$

## 3. 制定改进策略

产品往往是影响活跃账户数的核心因素。比如，如果产品能够解决客户业务痛点，同时产品包容性很强，就可能覆盖到更多客户群体的更多核心业务；反之，定位不够精准的产品，由于没有解决客户业务痛点，账户往往都不太活跃，客户流失率也很高。

1）平均付费账户数提升策略

要提升平均付费账户数，产品经理就需要密切关注更大规模的潜在客户群

体，以及现有客户群体的更多核心业务。比如，销售部门会接触到很多难以成交的客户，产品经理要密切关注这些客户，特别是其中规模较大的企业。

当然，并不是说要覆盖所有的客户，这里的关键在于，产品经理要明确产品的核心能力，并围绕核心能力去寻找合适的客户。比如，当前产品的客户群体是连锁企业，产品主要解决"手工抄单导致错漏和效率低下"的问题。而作为日用消费品厂家，他们对一级经销商订单的管理，其实也面临同样的问题。这种情况下，我们就可以把消费品厂家作为目标覆盖群体。

除了扩展客群，满足当前客户的更多需求，也是提升平均付费账户数的有力手段。比如，当前客群主要使用我们的手机端订单管理功能，他们会安排专人查看订单，并及时导入到旧的进销存系统，以便管理发货、收款等业务。在这种情况下，我们可以顺势切入库存管理、发货管理和收款管理环节，除了可以提升付费账户数，还能提高客户的黏性。

除了顺着业务流程"纵向扩张"，还可以顺着相关业务"横向扩张"。比如，现有客户群体既有常温奶业务，也有低温奶业务，而我们的产品目前只能用于管理常温奶业务。在这种情况下，扩展到低温奶业务管理领域，就是一种有效的策略。

### 2）账户活跃率提升策略

根据账户活跃率的公式，要提升它就要提升功能使用数和功能使用频率。一方面，根据客户的需求增加功能数量；另一方面，充分研究竞品，不断扩充能够提高客户效率的功能，也是非常重要的策略。

比如，一般来说，我们都是按照销售、采购、库存、应收、应付等子模块设计功能，相关业务单据也都散落在这些模块中。但是一个企业的经销商，实际上会在销售、库存、应付等多个环节与企业发生业务关系，并产生相关单据。当经销商的应付余额出现争议时，财务人员就需要跨多个模块进行单据查询。如果我们增加一张按照单个经销商/供应商跨模块查询所有业务单据的报表，无疑会大大提升财务人员的工作效率，也会增加一个客户常用的功能。

功能使用频率则与功能类型有关系。对于一个在外面推销商品的业务人员，移动端商品信息无疑是需要频繁查看的功能；而对于一个负责一线业绩的管理人员，移动端业绩报表无疑是每天必看的功能。因此，把资源倾斜到高频使用的功能，也是非常有效的策略。增加可用功能数，特别是高频使用的功能数，还可以采取以下策略：

- 需求渠道建设：尽可能扩大需求收集渠道，并通过产品化减少需求提交的难度。比如，可以给客户成功部门、销售部门的同事开发需求提交端口，并承诺每一个需求都会得到正式、慎重的回复。

- 一线调研 / 竞品分析机制化：把一线客户调研、竞品研究机制化，落实到每一个产品经理。然后你就像有了一个"需求产出器"，可以源源不断产出高质量的需求。

- 需求评估：产品经理要围绕着"活跃账户数"指标，对需求进行优先级评估。对于高频使用的功能优先开发。

- 与用户一起设计：产品经理应该培养 10 个自己的核心用户，与他们一起设计，能显著提升功能的成功率。在 2.1.3 节也提到过这一点。

- 上线宣传：上线宣传可以快速提高新功能的使用率。我的团队曾经对几个核心报表进行了大改版，并在菜单上动态提示。第一周，这几个核心报表的访问用户数就增长了 60%；第二周，增幅回落到 40%，之后再没有继续回落。这充分证明了上线宣传的作用。

## 4. 案例

发布最小可用版本的产品后，虽然有效企业数在不断增加，但是大多数企业购买的账户数仍然偏少。CEO 没有透露赢利情况，但是小李明白，提高平均付费账户数是当下最重要的工作之一。

小李接手的这款 SaaS 产品，定位于经销商销售业务管理，他们使用软件管理业务人员，并且处理销售订单、发货和收款等业务。因此，功能迭代的优先级也主要围绕经销商的需求进行评估。但是最近，开始有小品牌商来咨询产品。和经销商不同，小品牌商往往有自己的销售订单、发货和收款管理系统，但是由于原有系统移动端体验不佳，因此他们需要一个体验良好的移动端系统，来支撑销售人员频繁查看商品库存信息，并随时提交订单的业务需求。

虽然小品牌商的需求与经销商的需求有所差别（比如，和经销商比，小品牌商有完善的销售管理制度，因此销售订单需要支持审批流程配置），但是，两者的需求并不存在根本性冲突，可以通过一个标准化版本兼容。而小品牌商的业务规模往往是经销商的数倍甚至数十倍，这就意味着平均付费账户数的大幅提升。

于是，小李马上着手完善订单审批等相关功能，并通过与销售人员的配合，陆续拿下几个小品牌商客户的订单。随着更多小品牌商客户的陆续上线，三个月后，产品的平均付费账户数提升了25%，而且有继续上升的势头。

## 5.3.4  留存阶段的产品业绩提升

### 1. 选择关键指标

在这个阶段，收入留存率是最核心的指标。所谓收入留存，可以简单理解为去年留存的客户，今年还能继续贡献的收入金额。

不管今年新增了多少客户，只要大部分已签约客户没有留存下来，或者大部分留存客户减少了所购买的账户数，那么都注定是一家失败的 SaaS 公司。这里面最关键的因素在于：我们从客户取得的第一年收入，往往不能覆盖获客成本和第一年的服务成本。因此，如果大部分客户都不续约，那么将导致 SaaS 公司的严重亏损。

作为产品经理，可能获取不到财务相关数据，因此，这里用**付费账户留存率**作为收入留存率的替代指标。所谓付费账户留存率，即去年新签客户购买的账户数，到今年变成了多少。比如，去年新签了 1000 个客户，一共购买了 20 000 个账户。今年流失了 200 个客户，剩下的 800 个客户一共购买了 18 000 个账户，那么付费账户数留存率 =18 000/20 000=90%。

## 2. 分析关键指标

付费账户留存率 = 续约率 ×(1+ 增购率 )×(1- 减购率 )。这个公式虽然存在逻辑上的不严谨，但还是清楚地说明了：要提高留存率，重点是关注续约率、增购率和减购率。

### 1）续约率分析

续约率主要受到两个关键指标的影响，包括账户活跃率和产品差异化，即

$$续约率 = 账户活跃率 × 产品差异化程度$$

账户活跃率刚才已经分析过，这里重点说一下产品差异化程度。曾经我和客户成功部门同事一起分析一款产品的续约率，虽然企业的账户活跃率都非常高，但是产品续约率仍然不断下滑。更奇怪的是，在一年之中的某些节点，该产品续约率甚至出现断崖式下滑。

我们很快就分析出了答案。这款产品属于办公协同类产品，虽然市场需求旺盛，但是缺乏行业深度。因此，随着钉钉免费版本的推出，客户开始不断流失。而那些断崖式下滑的时间节点，正好是钉钉发布重要新版本的时间点。因此，产品缺乏差异化，是续约率下滑的关键原因。

### 2）增购率 / 减购率分析

在客户续约的前提下，增购和减购受到多种因素的影响。包括产品迭代质量、客户自身业务状态、销售政策等。

比如，客户业务团队扩充或者缩减，就会影响到客户对账户数的需求。特别是面向中小企业的 SaaS，客户规模波动是常有的事。但是，由于一款 SaaS 产品总是服务于多家企业——如果不考虑客户行业的整体波动——客户规模的扩张和缩减会相互抵消，综合的影响并不明显。

相对而言，产品迭代对增购 / 减购的影响，更需要产品经理持续关注。比如，新功能成功上线，或者老功能增强，可能会覆盖客户更多业务和部门；反之，失败的功能迭代可能导致客户投诉，最终减少账户数购买甚至客户流失。

### 3. 制定改进策略

留存最重要的一点在于差异化优势的打造。比如，一个在可用性和操作效率方面都超出竞争对手的产品，无疑具有一定的差异化优势，本节主要讨论产品方面的差异化优势打造。除了产品和数据，SaaS 的差异化优势还包括品牌、C 端黏性等，在 5.4 节再详细分析。还要记住一点，对于 SaaS 创业公司来说，没有永远的护城河，所谓的构建差异化优势更像是一场长跑。

#### 1）续约率提升策略

要提升续约率，产品经理需要从以下角度考虑。

（1）应特别关注核心功能的使用频率。所谓核心功能，往往有两个特征：其一给客户创造了较大价值，特别是差异化的价值；其二是与客户核心业务深度绑定，以至于替换成本很高。一个没有核心功能的 SaaS 产品是很危险的。比如办公协同类 SaaS 产品，虽然解决了客户移动办公相关的痛点，但是和核心业务关系不大；同时，他们的功能在钉钉、企业微信等巨头面前，没有任何竞争优势，很容易被免费策略打败。

（2）除了不断强化核心功能的优势，还可以围绕着核心功能，将客户业务的更多环节纳入系统管理。比如，作为一款移动订单管理 SaaS，客户一开始是被移动端的商品、客户和订单管理等功能所吸引的，但是，如果我们也提供后续的库存管理、发货管理和收款管理等，那么客户切换成竞争对手产品的成本就加大了。

一位 SaaS 创业者和我说，他们在 2020 年把客户业务整个链条上的主要功能都做了，结果就是年终续约率接近 90%。考虑到他们的目标客群是中小企业，存在一定的死亡率，所以接近 90% 的续约率已经是一个相当不错的数据。这样优秀的续约率也帮助他们顺利获得 C 轮融资。

（3）除了提供更完整的软件解决方案，我们也应该多关注决策支持类功能，比如毛利分析表、员工业绩报表等。这一类功能往往是管理层高频使用的功能，而管理层拥有 SaaS 续约的决策权；另外，如果开始使用业务决策支持功能，说明客户对产品已经有了较强的依赖，这将加大客户迁移的成本。

### 2）增购率提升策略

如果我们已经做好了账户活跃和续约的工作，增购的发生是自然而然的。不过，我们仍然需要关注增购和减购的客户，搞清楚他们增购和减购的原因，从而不断提升我们的产品力。

## 4. 案例

客户成功部门负责人找到小李，提到最近客户流失率有所增加。直接原因是竞争对手开展了一系列有针对性的优惠政策，部分客户因此切换成了竞争对手的系统。小李明白，面对激烈的市场竞争，如果不能构建产品的护城河，就会面临客户流失的风险。那么，除了不断完善现有功能，还有其他办法提高客户黏性吗？

小李想到了经营分析报表。其实小李接手前，这些报表已经上线，但是由于相关业务功能无法提供支撑数据，以及报表本身的逻辑问题，导致报表的使用率一直很低。比如，在利润分析报表中，客户需要在成本中包含赠品成本。但是在目前的订单功能中，赠品只是以文本形式保存（类似增加了一个备注字段），无法区分计算赠品成本，因此，得出的利润数据根本不准确。

为了解决这个问题，小李单独规划了一个版本。从结果倒推，首先梳理正确的报表逻辑，再根据报表逻辑完善相关业务功能。不久，新的报表系统上线了，简单推广后，就有一大批客户开始使用。过了一段时间，小李又和客户成功部门负责人沟通续约率情况。该负责人表示，报表上线后，客户流失情况有所改善，特别是使用了新报表系统的客户，续约率几乎是 100%。

### 5.3.5  洞悉指标真相

很多时候，我们需要通过指标判断产品状态的好坏，通过发现和解决问题，推动产品业绩的改善。但更多时候，真相并非显而易见，需要我们努力去发掘。

比如，如果我们查看 SaaS 产品的整体续约率，可能发现是一条时高时低的曲线。但如果我们按照功能类型，将产品拆分为通用类功能和行业垂直类功能两个部分，就会发现通用类功能的客户续约率持续下滑——特别是在竞争对手发布新的免费版本时，出现断崖式下滑；而行业垂直类功能的客户续约率则稳步上升，如果剔除掉"未存活"的客户，其续约率更是达到行业领先水平（如下图所示）。

### 案例

经过团队的共同努力，小李负责的 SaaS 产品开始步入高速发展期。小李的 KPI 是企业销售订单的数量，其年化增长率已经超过 400%，这意味着付费用户数巨大的增长潜力。

但小李也有担忧。产品的目标客群有很大一部分来自快消品行业，在此时恰逢夏季，水饮类等快消品需求巨大，会不会是季节性因素导致的短期增长？带着这个疑问，小李根据客户脱敏数据进行了分析。果然，水饮类商品销售的强劲增长是产品数据增长的主要来源。那么，这样的增长到底能不能持续呢？

小李挑选了一部分销售强劲增长的企业客户进行了调研。结果是，虽然在夏季主要的销售订单来自水饮类商品，但是企业会在天气转凉后大力推进食品、百货类的销售，因此，企业的整体销售数据不会出现大的下滑，对 SaaS 产品的使用频次也不会下滑。又过了 3 个月，天气转凉，但是企业销售订单数量的增长趋势仍然很强劲，小李这才松了一口气。

小李明白，产品指标是改进产品的重要抓手，但是他也时刻记着：决定这些抽象数字的，其实是一个个具体的客户。

我们离真相，永远差着一个客户。因此，优秀的 SaaS 产品经理，会懂得使用指标，而不是追逐指标；懂得质疑指标，而不是迷信指标。优秀的 SaaS 产品经理，都懂得一个道理：指标只提供现象，现场才提供答案。

## 5.4　SaaS 的护城河

### 5.4.1　中国SaaS面临的竞争

在中国，大部分 SaaS 公司都面临着非常激烈的竞争。这种竞争主要来自三个方面：

- 同行的竞争：特别在较新的创业领域，比如 SCRM 等，由于大家的起点接近，竞争也愈发激烈。一位 SCRM 领域的创业者告诉我，该领域至少已经进入了上千家 SaaS 厂商。他认为，未来几年将是 SCRM 产品的洗牌期。

- 巨头的竞争：比如办公协同、电子签章等领域，由于用户基数大、产品标准化程度高，也受到互联网大厂的青睐，5.1 节也提到过这个现象。以电子签章为例，虽然已经有上上签、法大大、E 签宝等知名 SaaS 公司，腾讯和字节跳动仍然推出了自己的电子签章产品。虽然有创业者强调"大厂有严重的 KPI 文化，不足为惧"，但是我们也必须承认，大厂在人才和资金方面的储备，是创业公司无法比拟的。

- 客户的竞争：这种威胁主要来自大企业市场，客户可能转为自行研发 B

端产品。一位读者和我说，他们使用的一款 SaaS 产品每年都在涨价，因此公司已经计划自研。我一直把"大企业的 IT 部门"视为 SaaS 公司最大的威胁。实际上，随着低代码工具越来越成熟、开发人员供应越来越充足，企业自研的成本和风险也在降低。

这三种竞争，可能导致 SaaS 公司陷入艰苦的价格战，甚至面临倒闭的风险。而只有构建起牢固的护城河，SaaS 公司才能避免这样的风险。

## 5.4.2　SaaS 的 7 种护城河

### 1.产品优势

如果一家 SaaS 公司的产品具有明显优势，这无疑会成为公司的核心竞争力。比如，目前一些传统 SaaS 领域（如 CRM、HR 等）的领先企业，都积累了丰富的 SaaS 功能和 PaaS 能力，这对于后来者无疑会形成强大的威慑力。产品优势也是 SaaS 公司应该优先构建的护城河，因为如果产品不具备优势，我们就需要在其他方面付出很大的代价去弥补这个缺陷。

当然，产品优势构建的护城河并非牢不可破，特别是中国的 SaaS 公司普遍比较年轻，产品和服务深度不足，一旦巨头决定进入其领域，它们就会面临巨大的压力。类似案例可以参考 2015 年钉钉血洗协同办公 SaaS 领域。钉钉的策略很简单：免费，甚至倒贴客户。当时业内领先的 SaaS 公司纷享销客、今目标等，虽然也融资了好几亿人民币，但是在巨头不计成本的投入面前，就显得杯水车薪了。

### 2.客户成功

对于客户来说，SaaS 产品只是工具，他们真正关心的是从中获得的价值。而要达到这个目的，就离不开 SaaS 公司的客户成功服务。客户成功部门的工作和传统 B 端软件的实施团队的工作类似，包括梳理企业业务流程、推动系统上线并帮助客户取得管理绩效等。不过，SaaS 产品不同于软件产品的标准化和易于管理，客户成功服务对服务人员的能力要求更高，这也对 SaaS 创业者的经营管理水平也提出了很高的要求。如何构建客户成功方面的护城河呢？

### 1）B 端软件实施顾问的启发

在这方面，我们可以从商业化 B 端软件的历史中得到一些启迪。前面说了，客户成功部门的工作和传统 B 端软件的实施团队的工作类似，那么实施顾问是如何培养的呢？其实一直以来大家都默认，合格的实施顾问需要经过多个项目的实战才能成长起来，无法批量培养成才。但实际上，这种观点根本站不住脚。以我自己为例，只需要半年多的系统学习（利用业余时间），就能够掌握复杂的 Oracle 财务系统（参见 2.4.1 节）。

当然，我在学习 Oracle 财务系统之前，就已经是一名资深的 ERP 实施顾问，因此不能简单地把我的方法套用在毕业生身上。如果要把一名毕业生快速培养成一名基本合格的实施顾问，需要更加深入浅出的培训材料、有针对性的培养体系，给新人发挥空间和及时帮助的团队管理方式。这些事情听起来很简单，但其实需要投入公司最优秀的资源——在当时，很少有公司愿意去做这种"傻事"。但是国内有一家公司在批量化培养实施顾问方面却做到了极致。他们每年都会招聘大量毕业生，在标准化培训和考核后，通过"老带新"的团队组成方式，投入到项目中。这使得该公司作为一家颇有名气的咨询公司，其人天单价几乎是业内最低的。比如，当时 Oracle 的人天单价在 1 万元左右，而该公司可以低到 2500 元。这在很长一段时间内，成为该公司无法被超越的优势。

其实在当时，该公司作为一家有着大量优秀顾问的公司，完全可以依靠这些稀缺资源轻松获取收入。但是它却选择了一条更难的路：把最好的资源投入到标准化人才建设中，打造出行业最有竞争力的实施体系，构建自己的护城河。

### 2）SaaS 公司的客户成功

回到 SaaS 公司，很多中国 SaaS 公司都比较年轻，客户成功体系也大多还在建设中。虽然每个公司都很重视用户活跃、客户续约，但是似乎很少有人去深入思考：如何让客户成功服务质量更高、成本更低？如何能够为客户的业务产生更大价值？如何把客户成功服务能力变成我们的护城河？

这些思考，可能并不紧急，要落地也并不容易。但是，正是这些不紧急还很困难的事，才可能塑造出一家伟大的公司。

当然，客户成功并不只是"服务好客户"。实际上，如果我们这样想，那就是把客户成功想小了。真正的客户成功，更应该是引领客户，甚至是带领客户走向成功。这样的客户成功无疑会给 SaaS 公司带来巨大的挑战，但是如果能够成功，将会给 SaaS 公司带来巨大的优势。

### 3. 数据沉淀

一旦企业在 SaaS 系统沉淀了大量宝贵的数据，即便市场上有了更好的替代产品，企业也会因为担心数据流失，而更加慎重地对待系统切换。

比如，根据我的经验，一旦企业开始使用 SaaS 系统的深度分析报表，如销售收入报表、毛利分析表和业绩报表等，它们的主动流失率就会明显降低。这一方面是因为企业对 SaaS 系统的使用已经比较深入，另一方面则是报表的背后是企业经营数据的沉淀。例如，毛利分析表的背后其实是企业的客户、商品和价格策略等基础数据，以及合同、订单和采购成本等业务数据。对于管理层来说，如果这些数据出了问题，肯定会对企业的经营造成不良影响。因此，如果企业客户在 SaaS 系统中积累了大量有价值的数据，就会成为 SaaS 公司的护城河。

不过，数据丢失虽然会增加企业经营的风险和成本，但并不致命。只要"新产品价值 > 旧产品价值 + 替换成本"，更换系统就是值得的。这也提醒 SaaS 公司要不断优化产品，居安思危。

### 4. 品牌效应

在传统软件时代，品牌的力量非常强大。最核心的原因是，在客户看来，应用一套软件不仅仅是"上线一个系统"，更重要的是"优化企业管理流程"。在这种定位下，软件功能"冰山下的部分"就显得尤为重要。这些部分包括软件所沉淀的先进管理思想、软件公司帮助企业管理变革的能力等。而这些内容远非简单沟通就可以透彻了解的，由此导致了很高的交易成本。而降低这种交易成本的途径，就是品牌效应。

不过，和 C 端产品不同，B 端产品的品牌效应不是来自广告，而是来自行业顶尖企业的案例。这在一定程度上可以解释，为什么汽车制造企业更多选择 SAP 系统，而互联网企业则更多选择 Oracle 系统。

目前，中国 SaaS 产品仍被视为一个局部应用工具，客户选型无非是看产品功能的满足程度、服务条款和价格等。但是，随着数字化转型的深入，客户会倾向于选择整体方案，即"产品 + 咨询"的方案。到那时候，品牌就会越来越成为一种强大的护城河。

### 5. C 端黏性

C 端黏性即"客户的员工"或者"客户的客户"习惯使用你的产品。在这方面，企业微信是 B 端产品的典范。

想象一下，如果你的用户都在企业微信上，他们也习惯使用某 SaaS 公司的微信小程序，那么当你考虑从企业微信切换为钉钉时，会不会首先评估一下用户的流失率？因此，C 端黏性是企业微信最强大的护城河。

当然，C 端黏性并非每个 SaaS 产品都能够获得。比如，管理型 SaaS 更偏向于流程管理，员工作为被管理的对象，往往很难产生黏性。相对来说，工具类、协同类等强调给用户赋能的 SaaS 产品，更容易产生 C 端黏性。

### 6. 创新

为什么 Salesforce 能够把一个新的概念（SaaS）变成一个新的行业？为什么不到 20 年时间，它的市值就增长了超过 200 倍？为什么大家都只是说"要做中国的 Salesforce"，而不是说"要超越 Salesforce"？秘诀就在于 Salesforce 在持续不断地创新。

从创立的那一天开始，"创新"就是 Salesforce 的核心企业文化。2000 年，

Salesforce 推出全球第一个 SaaS 产品；2005 年，Salesforce 发布全球第一个 SaaS 交易平台 AppExchange，甚至早于 iPhone 的 AppStore；2007 年，Salesforce 开始研发移动端；2008 年，Salesforce 率先推出 Force.com，是全球第一个发布 PaaS 平台的 SaaS 公司；2016 年，Salesforce 推出第一款 AI SaaS：爱因斯坦。可以说，每一个创新都改变了 SaaS 行业，也让 Salesforce 一直保持着高速的增长。

在过去很长一段时间，中国企业都在学习甚至模仿国外企业。但是随着中国国力的日益强大，随着中国互联网企业的崛起，创新必然将成为我们构建护城河的最重要的手段。

### 7. 体系优势

不管是产品优势还是创新，我们都会问一个问题：如何持续保持竞争优势？除非有专利的保护，否则任何一个单点的优势或创新，都有可能被竞争对手快速模仿。除非我们把单点优势系统化，变成"环环相扣的链条"。

比如，假设我们做快消品行业 SaaS，虽然公司为快消品企业量身定做了功能，具备一定的产品壁垒，但头部 CRM 厂商却可以凭借其强大的 PaaS 能力后来居上，甚至比我们的产品更有成本和灵活性优势。那么，我们应该如何保护自己的护城河呢？补上自己的 PaaS 平台当然是一种选择，但是这属于跟着对手的节奏走，用自己的短处去攻击对手的长处。

还有一种选择，就是把我们的行业能力体系化，比如：

- 在内容营销上，提升在快消品行业的渗透能力。

- 在销售运营上，充分利用公司"在快消品行业的成功案例"。

- 在产品研发上，沉淀行业方法论，并给予客户成功经理有力的支撑。

- 在客户成功上，在帮助客户的同时，不断生产好的内容，反哺内容营销。

持续转动这个"飞轮"，就会形成以"解决方案"为核心的体系化能力。竞争对手要攻破一个点容易，要攻破一个链条却很难。因此体系优势将是更强力的护城河。

### 5.4.3　做难而正确的事

不管是哪一种护城河，都需要我们长期的努力与坚持。比如，提供一体化行业解决方案的产品，能提升客户的忠诚度，但这也意味着产品线的扩大以及产品团队的扩张，而我们都知道，优秀的 SaaS 产品经理目前仍是稀缺资源。再比如，要形成 C 端黏性，则必须要让企业的用户喜欢使用我们的产品，这对于没有强势 C 端产品或者强运营能力的 SaaS 公司来说，是一个不小的挑战。

做 SaaS，实际上就是旧城改造。当消费互联网深刻改变每一个人的生活时，传统产业也不得不自我革命，这就是数字化转型的本质。而在这场时代洪流中，要想发出耀眼的光芒，甚至改变一个传统产业，那么，"做难而正确的事"将是最正确的选择。

## 5.5　SaaS 的陷阱

### 5.5.1　创业的风险

在数字化转型的大背景下，对于我们普通人来说，SaaS 创业无疑是一个巨大的机会。不过，机会与风险总是相伴随的。虽然 Salesforce 市值成功超越了 Oracle，但明道云、纷享销客却在巨大的压力下被迫转型（当然它们的转型都非常成功）。这说明，SaaS 创业有着巨大的不确定性。

当然，我们不能轻易去预测一次创业的失败，这既受限于我们的信息和视野，也因为创业本身就是一个不断试错和调整的动态过程。同时，创业成功并不是因为我们犯错少，而是因为我们突破了原有模式，带来了新的增量市场或价值。但是，分析 SaaS 创业的风险仍然是有必要的，它可以帮助我们不断反思，从而降低试错的成本，加快企业成功的步伐。

## 5.5.2　SaaS 创业的 6 个陷阱

### 1）远大的目标

创业者往往有着远大的目标，他们梦想改变世界、造福社会，成为伟大的企业家。但有时候，这种愿望太过迫切，可能就会忽略了重要的一点：B 端创业往往并不是去创造新需求，而是用新方法解决企业已经存在的巨大痛点。这就是为什么"远大的目标"有时会成为 SaaS 创业的陷阱。

比如，外勤销售管理一直是很多消费品企业的管理痛点，因为手工抄单不但容易错漏，而且会增加重复录入的工作量。移动互联网普及以后，某 SaaS 创业公司顺势推出移动端下单功能，由于切中企业痛点，很快就一炮打响。反之，另一个 SaaS 创业团队规划了宏大的蓝图，他们要做行业的数字化平台，提供从产品到咨询、从 SaaS 到 PaaS 的全方位服务，但是他们却遇到一个问题：客户不愿意付费。

在这种情况下，我建议创始人反问自己：如果让客户代表用 20 个字描述一下，使用了这款 SaaS 产品后所带来的巨大价值，他会怎么描述？如果这个描述都不能打动创始人自己，那么就需要好好思考一下产品的定位了。3.3.3 节的"产品定位"部分的感谢信也是同样的道理。

### 2）丰富的传统软件经验

SaaS 产品和传统 B 端软件有着巨大差异。前者的本质是互联网产品，需要遵循互联网产品方法论；而后者的本质是传统软件，遵循的是传统研发模式。两个模式差异明显，如果一味地将传统软件的经验套用在 SaaS 产品上，就容易变成羁绊。所以"丰富的传统软件经验"有时也会成为 SaaS 创业的陷阱。

比如，典型的 SaaS 公司都是按照"MVP+ 快速迭代"的模式打磨产品，非常注重用户的反馈。因为他们知道，只有打造出标准化、高可用、具有良好用户体验的产品，才可能像互联网产品一样实现低成本扩张，从而形成规模优势。而典型的传统软件公司则不太注重高可用和用户体验，他们认为，B 端软件一定是管理层强制使用的，也一定是需要 SaaS 公司重度服务的。结果，从一开始就给 SaaS 产品的长远发展埋下了隐患。

再比如，某个具有丰富传统软件行业经验的创业团队，通过不懈努力终于成为某细分领域的头部公司。但他们面临一个很大的困扰：由于客户使用产品会遇到很多问题，他们不得不安排人员现场服务，结果，客户每年支付的年费都覆盖不了服务人员的劳务成本。导致这个问题的根本原因，就是产品研发没有遵循 SaaS 产品研发的基本逻辑。

### 3）大客户订单

我曾经负责过一款面向中小企业的 SaaS 产品，每次当有大客户提出需求时，我都会非常重视。因为一个大客户购买的账户数可能是小客户的数倍，而对应的获客成本、服务成本却不会成倍增长。但是，如果我们为了拿下订单而不假思索地去满足大客户的功能要求，就可能把 SaaS 产品设计得很复杂，增加现有客户的使用成本。更可怕的是，我们可能设计出只有这个大客户使用的"特定功能"，即便只从 ROI 的角度来核算，这样的功能也往往是得不偿失的，更不要说可能给产品的迭代带来的沉重负担了。这就是为什么"大客户订单"也可能成为 SaaS 创业的陷阱了。

很多 SaaS 产品经理和我说，他们公司做着做着就变成项目型公司了。出现这种结果，一方面是因为公司有生存的压力，毕竟大客户订单能够带来充足的现金流；另一方面则是创业团队没有想好自己的定位，在大客户订单面前迷失了自我。

当然，并不是说一定要拒绝大客户的需求，而是当我们面对"有了这个功能就签单"的压力时，需要反问自己：这个需求的本质是什么？它是我们目标客群的普遍需求吗？我们目前的能力可以把它标准化吗？很多时候，并不是需求不对，而是我们的资源还不够充足，或者我们还缺乏优秀的产品架构能力。

4）完整解决方案

在获取到第一批种子客户后，根据现有客户的需求进行功能迭代，是 SaaS 公司从 1 到 100 的主要增长方式。但是，在 SaaS 产品的早期，并不能够简单根据"提出需求的客户数量"来判断是否应该满足需求。除了功能和目标客户群体的匹配度，我们还需要考虑该功能对产品核心竞争力的贡献程度、客户付费意愿和所需资源等因素。

比如，在一个移动订单管理 SaaS 产品的早期，是否应该投入资源建设财务核算系统呢？如果你和客户的财务负责人沟通一下，相信他会强烈表达"希望有这个功能"的愿望。但是，移动订单管理 SaaS 产品的核心竞争力，其实是在移动端高效地管理商品、客户、订单和收款等业务，而财务核算功能则对巩固这一竞争力没有太大帮助。同时，财务核算系统其实是一个高度成熟和稳定的领域，替换客户现有的财务核算系统并不能带来明显的"增量价值"，反而需要投入大量的资源。因此，在移动订单管理 SaaS 产品的早期，把宝贵资源投入到这种非核心竞争力的业务领域，其实并不合算。

当然，考虑到业务管理和财务核算是两个紧密衔接的流程，业务范围延展也是 SaaS 公司增长的重要途径，因此当移动订单管理 SaaS 产品已经进入相对成熟的阶段后，与各大财务核算系统打通，甚至逐步实现财务核算系统的功能，也许是不错的选择。

总结来看，如果在 SaaS 产品早期就急于实现完整的解决方案，容易分散资源，对核心竞争力的打造不利。所以"完整解决方案"也是 SaaS 创业时常遇到的陷阱之一。

5）强大的销售能力

开玩笑地说，对于创业者而言，最糟糕的事情并不是产品定位错误，而是产品定位错误的同时，拥有太强大的销售能力。因为它会误导创业者，让团队在错误的方向上走得又快又远。

一位 SaaS 创业公司 CEO 和我说，他们最近在盘点订单，发现有不少"人情订单"——即对方下单不是看产品好不好，而是看 CEO 的面子。这位 CEO 很理智，他说自己要反省，要坚决杜绝这种"人情订单"。

这种订单除了误导公司的决策，还会给 SaaS 公司带来亏损。前面提到过多次，SaaS 属于租用制产品，第一年的收入往往无法覆盖获客成本。而一旦优秀的销售人员把不合格的产品销售给客户，那么第二年不续约将是大概率事件。因此到了第二年，SaaS 公司的现金流就会出现巨大压力。

一位优秀的 SaaS 创业者和我说，在他创业的第一年，公司甚至是没有销售人员的；另一位成功的 SaaS 创业者则说，他们公司更多依靠口碑而不是销售人员去推动产品销售。毫无疑问，对于一家已经完成"产品 / 市场匹配"的 SaaS 公司而言，通过销售人员进行规模化扩张是必经之路，但是在这之前，创业者应该排除干扰因素，小心验证产品确实存在巨大的市场需求和竞争力。

### 6）热心的投资人

"创业者永远是逃亡者，一场没有终点的逃亡。资本要你增长，增长速度，超预期的增长速度。"这是罗振宇在 2016 年跨年演讲时说的。创业者离不开资本，资本就像营养剂，帮助创业者把一颗创业的种子培养成参天大树。但是，资本又像兴奋剂，可能导致小树不健康地生长。

一位 CEO 和我说，几年前公司的投资人经常劝他学习 C 端的打法，比如通过免费模式占领市场，并经常以某某公司为例，说"别人的公司"发展得多好。但是从去年开始，投资人就不再提这些建议了，因为这些"别人的公司"都关门了，而这位 CEO 的公司则开始赢利。

我也见过本来只有几百人的互联网公司，因为拿到巨额融资，疯狂扩充到几千人。但是，组织规模的急速扩张并没有带来销售规模的同步增长。不久，这家公司就开始裁员自救。其实，并不是创业者不懂良性发展。任何人，在巨大的压力面前，动作都可能变形。因此，选好资本，能一路走下去的，才是真的创业伙伴。

### 5.5.3 像 CEO 一样思考

以上 6 个陷阱其实有一个共同特点，那就是它们都是在 SaaS 产品出现问题或者产品还不够强大时，过多地投入了销售和资金等资源。我认为，对于 SaaS 创业公司来说，产品是决定生死的第一关，也是公司蓬勃发展的基石。因此，像 CEO 一样思考，把握好产品方向，是 SaaS 产品经理的使命，也是 SaaS 产品经理的价值所在。

## 5.6 SaaS 的未来

### 5.6.1 永远乐观

我刚毕业的几年，在 IT 咨询公司做 ERP 实施。虽然彼时传统软件市场仍然处于巅峰期，但是我们心里都有着挥之不去的担忧：按照传统软件的商业模式，一旦没有新的项目，整个公司的收入就会迅速出现下滑，进而影响到我们的工作机会。

如本书"自序"中所讲的，直到有一天，我读到了克里斯坦森教授的《创新者的颠覆》，书中介绍了 Salesforce 和 SaaS 模式。我眼前一亮，这不正是当前问题的解药吗？于是，我放弃了 Oracle 公司的优渥福利，跳槽去了一家 SaaS 创业公司。彼时是 2016 年，中国 SaaS 行业刚经历了第一个融资高峰。

但是，投资热度很快就降了下来。原因很简单，中国 SaaS 的成长速度远没有达到市场预期。身为 SaaS 行业的从业者，我亲身见证了 SaaS 如何改善中小企业的经营——在传统软件时代，同样的软件可能需要几十万元，而现在，企业每年只需要付几千元就可以使用——因此，我对 SaaS 的未来深信不疑。但同时，我也为市场开拓的停滞不前感到担忧。中国企业在传统软件时代的 IT 投入远低于欧美企业。到了 SaaS 时代，中国企业在云计算方面的投入仍然偏低。

很快来到 2020 年，疫情爆发了。中国企业似乎在一夜之间反应过来：在消费者和员工已经习惯线上的生活和工作方式后，数字化转型是企业未来的大趋势。于是，中国 SaaS 又迎来了新的发展机遇。据 B2B 内参统计，2020 年国内 SaaS 融资总额超 157 亿元，是 2015 年融资总额的 4 倍左右。

我认为，SaaS 模式的先进性才是中国 SaaS 爆发的根本原因，疫情只是加速了这一过程。正是基于这个判断，不管未来发生什么，我都将对中国 SaaS 抱有乐观的态度。

## 5.6.2　对未来的 4 个预判

未来会发生什么？我们很难准确判断。历史虽然不会简单地重复，但是却有迹可循。对于中国 SaaS 来说，我们可以从国外 SaaS 的发展过程、传统 B 端软件的历史以及当下企业需求等方面，发现 SaaS 发展的客观规律，进而做出对未来的预判。

### 1）产品创新

毫无疑问，只有创新，SaaS 企业才有可能赢得大客户的尊重。不过，创新的路并不好走。

2007 年 1 月 9 日，在苹果的 Macworld 大会上，乔布斯宣布 iPhone 诞生。参会的 Salesforce 创始人贝尼奥夫马上意识到了 iPhone 的颠覆性，他第二天就宣布：Salesforce 要转型成为移动应用开发公司。然而 Salesforce 的第一个移动版本因为太缓慢，几乎没有客户愿意购买。2012 年 Salesforce 重新招募移动应用团队领导，一直到 2014 年，在经历了好几年的失败之后，Salesforce 移动版本才终于得到客户认可，赢得了几十家新客户。然而，正是在创新上的坚定投入，才有了 Force.com（PaaS）、AppExchange（应用商店）和爱因斯坦（AI）等创举，Salesforce 才一路走到今天。

正是因为创新的艰难（当然也有教育机制等原因），在过去，缺乏创新一直是我们的软肋。不管是 CRM 的销售漏斗、HR 的 OKR，还是低代码平台，都是国外企业的创新。这也是为什么大家都一窝蜂地去做 SCRM，因为新的机会太少了。

但是，不管是教育改革还是打击垄断，都说明国家对创新越来越重视，我们对创新能力也越来越关注。因此，我预判：产品创新将是中国 SaaS 未来的重要趋势。

那么，应该如何创新呢？我认为除了关注用户，更要关注 AI 一类的新科技。因为那些改变世界的发明，大多不是从用户调研中得来的。比如，如果仅仅依靠用户调研，就不会有 iPhone 的诞生；如果仅仅依靠用户调研，也就不会有云计算的诞生。

2）PaaS 平台

没有 Force.com（PaaS 平台的鼻祖），Salesforce 就很难拿下大企业市场。我和 Salesforce 的一位产品总监交流过，她坦诚地说："Force.com 是 Salesforce 最核心的能力之一，而且国内几乎没有竞争对手与之匹敌。"要知道，Salesforce 是在 2008 年推出 Force.com 的，但是到现在，仍然有 4000 人以上的工程师团队在支撑这个平台。

Oracle 也有类似 PaaS 平台的能力，只是大部分是 Oracle 的开发框架，一小部分是非代码能力，包括增加表单字段、修改字段属性、嵌入 SQL 语句和程序包等。但即便是这一小部分非代码能力，在交付大企业项目时，对提升效率、降低成本也起到了非常重要的作用。

中国 SaaS 创业者也越来越关注 PaaS 平台的建设，特别是服务于大客户的 SaaS 公司。比如用友就推出了 PaaS 平台 iUAP。根据用友官网信息，中国 500 强的公司中超过 60% 都是 iUAP 的客户。

虽然 PaaS 平台在国内越来越普及，但是和国外 SaaS 公司相比，我们还有很长的路要走。

3）一站式解决方案

20世纪末，中国企业各个部门自行开发的小软件，虽然提升了部门运转效率，但就像一个个"小山头"，既阻碍了部门之间的信息流转，又让企业高层难以在整体层面上进行流程优化。这就让SAP、Oracle有了机会，它们打着"行业领先解决方案""组织流程再造"的招牌，喊着"上ERP找死，不上ERP等死"的口号，敲开了一家又一家企业的大门。

这其实反映了企业高层的焦虑：当各部门进行独立优化的时候，如何保证在企业层面是整体最优的？或者换个角度来说，部门利益的最大化不代表企业利益的最大化，如何最大程度上保障企业的利益？

比如，作为市场部门，希望知道在百度投放的哪些关键词能够带来合同，以及带来了多少金额的新合同，以此作为市场部门的业绩。但站在公司层面，则可能更关注客户能带来多少"全生命周期价值"，包括第一次合同的金额，也包括后续合同的金额。对市场部门来说，新签越多越好；但是对于公司来说，如果新签的合同不能带来续约，那么这样的新签未必是有价值的。

整体的优化基于个体的优化，又永远大于个体的优化。回到2000年，当各部门的效率优化达到一定程度时，企业必然有整体优化的需求，这就是ERP为什么能够大行其道的市场基础。

到今天，虽然SaaS软件给企业的各个部门带来了效率提升，但是客观上也造成了一个个新的"小山头"。而随着数字化浪潮的到来，未来10年将是企业整体数字化转型的高峰期。企业整体转型，对客户来说意味着巨大的投入和很高的期望值，SaaS行业必须满足客户的三点核心诉求：

- 希望借鉴其他企业的成功经验。
- 希望有企业整体方案，替换或整合部门级方案。
- 希望能"交钥匙"，借助外力完成方案的落地。

以上三点无疑会给SaaS公司带来巨大的动力和压力。因此我预判，在未来，整合和合作将成为SaaS公司的重要发展方式。整合是通过收购、自研等手段，不断完善自己的产品线，增强一站式解决方案的能力；而合作，则是与其他 SaaS 厂商联合，打通系统的数据和流程，给企业交付更加一体化的方案。

### 4）新的客户成功

如果我们只能帮助客户解决操作或者流程方面的问题，就很难打动大企业的 CEO 们——显然，有更重要的事情需要他们关注。如果要赢得企业的尊重，获得更好的溢价，我们就需要减少对快速、细小改进的关注，真正去倾听客户的声音，用更大的变革帮助客户成功。

当然，要具备帮助客户变革的能力，首先对我们自己提出了更高要求。比如，为什么 Oracle 曾是公认的世界排名第一的财务软件？要知道，Oracle 最畅销的 ERP 产品 E-Business Suite，一开始是在 Oracle 内部成功应用，并且帮助 Oracle 完成了全球财务共享中心的变革。

一位 SaaS 创业者和我说，由于他们有一家子公司亲自下厂做业务，因此，他们本身就具备数字化运营经验。这就意味着除了提供 SaaS 软件，他们还可以帮助客户建立数字化运营体系。虽然这样的服务属于轻咨询，但是目前已经占到公司整体收入的 20% 以上，而这个比重还会持续增加。

我相信，这将是中国 SaaS 发展的一个重要方向。

# 后记

我一直认为命运掌握在我们自己手里。中国 SaaS 行业有没有前途？产品经理的工作环境能否变得更美好？这些答案其实都掌握在我们自己手里。

比如，如果我们变得更优秀，就可以给客户创造更大的价值，SaaS 行业也会得到更广泛的认可；如果有更多产品经理能够与 CEO 平等对话，我们就可以少折腾，多做有意义的工作。

虽然我坚信中国 SaaS 的美好未来，但是我也承认：中国 SaaS 行业还很小，利润也很微薄，以至于大佬们都不屑一顾。

所以，在过去一年多的时间，我坚持写公众号文章、建立 2 万多人的 SaaS 行业微信群、开办 SaaS 知识星球，其实就是因为一个初心：为中国 SaaS 行业的繁荣贡献自己微薄的力量。

我从事 B 端产品工作超过 15 年，本书可以说是我过去 15 年经验的总结。但是，一个人的力量毕竟是渺小的，一个人的经历毕竟是单薄的。所以，虽然已竭尽全力，但本书肯定仍然有诸多不够全面甚至偏颇的内容。在此我诚挚欢迎大家批评和斧正。

你可以扫描下页二维码关注我的公众号，并添加我的个人微信（企业微信账号），提出宝贵见解。公众号还有 SaaS 行业微信群的入口，衷心欢迎你加入我们的社群，一起创造未来！

微信搜一搜

ToB老人家